真巧！
我們都是人

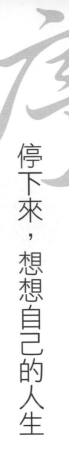

序

停下來，想想自己的人生

文／黃翠吟（泰山文化基金會執行長）

「該如何活著才是滿意的人生？」「生命中重要的是什麼？真正想要什麼？」一個人或遲或早會思考生命的問題，因為生命有限是既定的現實，這個有限逼使人警醒思考，如何能活出自認的價值？這一生如何沒有遺憾？

人不是只要吃喝玩樂就能滿足的動物，人還要尊嚴、愛、歸屬感、自我實現，人的欲望無限，人又為了生存，必須互相競爭、比較，每個階段有每個階段的不足感；於是「恐懼失去」及「不足感」就一直推著人向前。所以人一輩子都在「安」這心上努力，一不留心，就隨境煩惱，在追逐中失去理想價值。所以需要不斷地學習自我調適、不斷地觀照內心，不如此無法平安。

泰山文化基金會每年舉辦「照亮心靈」系列講座，目的是探索生命及心靈的安頓，以「生命哲思」、「心靈探索」、「價值信念」為議題。一個人如有哲學、心理學或宗教上的素養，則對生命會有更深入的洞察及體悟，而能豁然面對生命中的因緣生滅。對生命有深刻的反省、瞭解，便愈能整理出自己服膺的、可以安身立命的價值觀念，這信念成為自己生活的依靠，讓自己在行事判斷上有所依恃及堅持，幫助我們應付人生的各種順逆波動。

本書結集林宏熾、游乾桂、柴松林、賴其萬、鄭石岩、曾昭旭、孫效智、余德慧等八位學者專家在心靈講座中所分享的人生信念，他們對生命的觀照及生活態度，處處顯露出「對天」的敬服謙卑、「對萬物」的尊重憐恤、「對人」的關懷善意及「對己」的省思覺察。我們從字裡行間，可以充分感受到那份柔軟、悲憫，追求真善美的直心，捧讀之際，令人跟著進入自己生命的思索反省，而對自己的生活態度、方向追求，似能更見明澈。

有對生命的反思，才能在生活中保持覺察，在壓力中保持清明，否則，隨波逐流，惶惶終日，不知所以。所以偶爾要停下腳步，靜下心來，站在生命的高度，來想想自己的一生。人如果沒有檢視，就會像籠子內轉輪上的老鼠，不由自主的轉！轉！轉！停不下來，依循過去的想法、模式，日復一日。

「我們都是人」，人都同樣經歷很多的磨練考驗、煩惱痛苦；這段生命歷程，逼使我們必須不斷學習成長、觀照提昇。感謝慈濟傳播人文志業基金會再次與本會合作出版心靈叢書，八位學者帶領讀者們作生命的思考，審視自己的人生，建立正向的信念、善的價值，追求心靈的平靜喜悅，從「心」打造美好人生。

目錄

生命的不可思議

你相信「生命是無巧不成書」嗎？你曾經巧遇某些人、某些事、獲得某些奇特的經驗，或者正當苦惱不解時，突然巧合地恍然大悟嗎？為何會有這些奇特的生命巧合經驗呢？「巧合心理學」能幫助我們解讀日常生活中的巧合事件，甚至進一步創造個人的生命奇蹟。

⊙林宏熾（彰化師範大學特殊教育學系所教授）

春有百花秋有月，夏有涼風冬有雪；
若無閒事掛心頭，自是人間好時節。

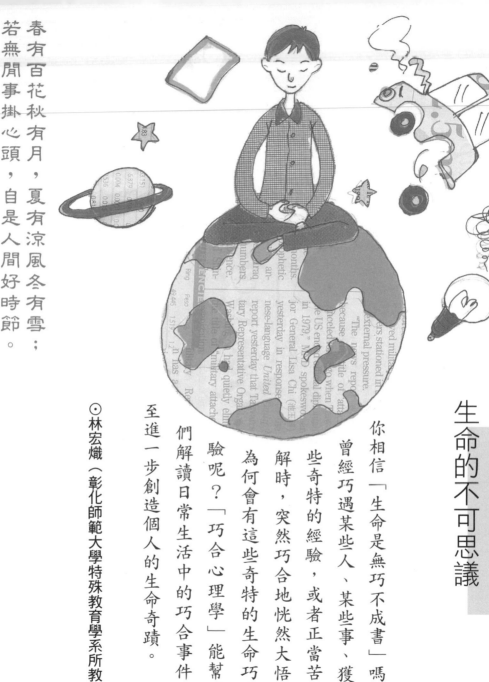

「生涯規畫」這個詞大家應該時有所聞。絕大部分的人都認為生涯需要規畫，認同人生必須先做好適當的安排，將來的日子才能按部就班地順順當當；但也有較少部分人覺得做不做規畫並沒有太大的差別，反正人生就是這麼一路摸索過來，還不是活得好好的？

需不需要生涯規畫？

人生似乎有軌跡可循，宇宙與生命是無巧不成書；並不見得硬要加以規畫，只要找到人生的巧合，就會峰迴路轉而找到出路了。

「巧合心理學」是近年在國外發展相當快速的一門心理學；它主張，人生有時候沒有事先安排和規畫，反而比事先安排和規畫來得好。許多人對此半信半疑；「怎會這樣呢？」「我們的教育不是一直告訴我們要及早做準備、事先妥善規畫嗎？」

就我本身的經歷來說，我專攻的是特殊教育，按理說應該和大家分享我對特殊教育的知識。但就在某一次演講中，我附帶談到生涯規畫，結果反應相當好；從此，就常和大家分享生涯規畫這個講題。換句話說，演講「生涯規畫」這個專題，並不在我原本的規畫中；但有了一次機緣之後，就開啟了這個行之多年的際遇。

如此說來，人生究竟需不需要規畫呢？這其實是一門精深的學問。一般人認為，生涯規畫就是先確立目標，然後一路往前衝就是了。在我們小時候，父母師長總愛問我們長大以後要做什麼。中國人在這方面可說做得尤為徹底；「一命、二運、三風水、四讀書、五積德」，就是非常典型與傳統的生涯規畫思維模式。再如嬰兒出生的命名、滿歲的抓週、生辰八字的推算、行事吉凶的占卜、婚喪喜慶的安排等，細至生活中的食衣住行，無一不能規畫，無一不能卜算推演。

不只中國人如此，西方人也有類似的研究。近年來，許多西方學者就宇宙能場、人類能場、能量醫學、超弦理論（superstring theory）和高次元空間（hyperspace）等進行探詢，發現人生似乎有軌跡可循，宇宙與生命是無巧不成書的；並不見得要預先做規畫，只要找到人生的巧合，就會峰迴路轉而找到出路了。

人生中的巧合、巧遇實在太多了。例如，各位特地要來聽場演講；但不知為何，搭上的公車就是特別牛步，或是塞在車陣中，以致錯過了演講；還好，事後聽說那場演講並不怎麼樣，不聽也罷。又如，突然夢到許久不曾聯絡的人，那人不久後就意外地出現在眼前。

這類巧合真是不可思議啊！當你能明白這類巧合的意義，就不需要求助算命了；因為，你自己就能解讀你的命運，而且是有理論根據的。

比馬龍效應

當一個人覺得自己很差時，他可能就好不起來；反之，如果你覺得自己很棒，可能就真的表現得很不錯。

在此要先談談巧合心理學提到的幾種理論。首先是「心理分析論」：一個人將來會從事什麼工作，在小時候就決定了；這取決於父母對孩子的教養、周遭環境的影響以及是否受過創傷，這些都會影響我們的人格。心理分析論認為，我們的生涯規畫應該跟幼時的經驗有關；幼時若是充滿痛苦的經驗，長大就不會快樂。因此，我們應當在孩子小時候，就給予滿足的幸福和快樂。

其次是「行為學派理論」。這個理論的基礎是：有刺激就會有反應。它有一個著名的實驗：心理學家桑代克（Edward Lee Thorndike）讓一隻老鼠餓了一個禮拜後去走迷宮，並在迷宮外面放了一塊乳酪蛋糕；餓到不行的老鼠，馬上就鑽出迷宮找到乳酪了。由此實驗結果，桑代克認為，人也可以用這種方式進行學習；只要努力打拚、給予工作和報酬，人自然就會往努力工作的方向前進。

再者是「認知心理學」：每個人都有一些想法和觀念；能夠掌握他人想法和觀念，就可以改變別人多一些。

這裡便要談到「比馬龍效應」（Pygmalion Effect）。劇作家蕭伯納寫了一篇故事，主角比馬龍是一名雕刻師。有一天，比馬龍夢見一位美若天仙的女子，就將她的形象雕刻下來，並且情不自禁地愛上這尊雕像。比馬龍的愛感動了希臘之神宙斯，宙斯讓他們美夢成真——將雕像變成真人；從此，這兩人就過著幸福快樂的日子。

蕭伯納的這個故事就稱為「比馬龍效應」，要旨就是——心想事成。這個效應的影響相當大。心理學上認為，當一個人覺得自己很差時，他可能就好不起來；反之，如果覺得自己很棒，就可能真的表現得很不錯。

舉例言之，根據調查，若是政府願意傾全力來辦教育，大約只有一半的人認為子女能被教育得很好。以比馬龍效應來說，你認為能把子女教育得好，你就真的辦得到。試問，若你是人家的子女，你會選擇能全力且無條件教育你的人，還是選擇只願花一半甚至更少力量的人來教育你？答案很顯然是前者。

這就出現了相當吊詭的結果，當要你付出力量去教育子女時，你不願出百分之百的力量；但當你是子女時，你卻又希望得到百分之百無條件的教育。我們可以進一步解讀：父母總認為是子女不夠好，所以教不出百分之百的好孩子；但孩子則認為，如果能夠得到良好的教育資源，他就能成為好孩子。

這就是比馬龍效應有趣的地方：當你認為他是一條龍，他就不會是一匹馬；當你認為他是一匹馬，他也不會成為一條龍。換句話說，當你認為子女夠好或不夠好，他就真的會成為你認為的那樣好或不好。

所以，當我們責罵孩子時，千萬要謹記這個比馬龍效應，別讓孩子成為你罵的那個樣子！但是，心理學仍告訴我們，成長過程中仍有改變的可能，那就是從自己的心念改變起。

巧合是在向我們透露訊息

人生中，常會遇見意外的貴人；或在苦悶尋不到解決之道時，適巧有人及時幫了我們一把。若我們能掌握生命中的這些巧合，人生是可以不必規畫的。

提出「人本心理學」的馬斯洛認為，我們一生有五種需求，在進行生涯規畫時，須依照這五種需求逐步地進行。這五種需求分別是：生理需求（先填飽肚子）、安全需求（有個安全的生活環境）、愛的需求（得到別人的疼愛）、尊重的需求（贏得別人的尊重）、自我實現的需求（巧合心理學）。

巧合心理學的論點是人生不必做規畫，馬斯洛也持同樣的主張，他認為事先規畫是很奇怪的；這和老莊思想有異曲同工之妙。老子認為宇宙自有其生生不息的次序，只要遵行自然法則而行，人生是不必規畫的。他還說：「我有三寶，持而保之；一曰慈，二曰儉，三曰不敢為天下先。」意即：第一，要對別人關懷，常保尊敬和感恩心；第二，要能自我節儉，安貧樂道；第三，不要和別人爭先。若以上三項都能做到，自然能瞭解宇宙的道理。莊子更是任性逍遙，達觀自得，笑傲江湖。因此，老莊思想基本上是主張人生不需要規畫。

孔子則認為人生是需要規畫的。有一回，孔子問學生：「盍各言爾志？」子路搶先回答：「願車、馬、衣、輕裘，與朋友共，敝之而無憾。」顏回則說：「願無伐善，無施勞。」孔子稱讚他們的志願都很高尚。接著，學生請問孔子的志願，孔子說：「老者安之，朋友信之，少者懷之。」

果然薑是老的辣；孔子既要照顧年輕人，也要關懷老年人，對朋友也講信義。而且，孔子的人生是有規畫的，他「三十而立，四十而不惑，五十知天命，六十耳順，七十而從心所欲不踰矩。」也就是說，孔子到五十歲時，開始明白了自己的人生道路；到了七十歲時，他才能夠不做生涯規畫就走自己要走的路。

大部分人都覺得人生好苦，佛教還說人生有八苦：生苦、老苦、病苦、死苦、怨憎會苦、愛別離苦、求不得苦、五陰熾盛苦，人生實在是太苦了！但是，巧合心理學告訴我們，人生其實不苦，我們都能活得像老莊那樣地隨遇而安。

美國夏威夷「心性」基金會董事長藍博士（Khaleakala Hew Len Ph.D.）來台灣演講時提到，當我們能夠瞭解做人處事的目標、並能按照這個標的前進的話，人生就不會苦了；人生之所以會苦，是因為走錯了路。各位不妨反省一下，你覺得人生好苦，是不是因為走錯路了呢？藍博士的話給了我相當大的啟示。他又進一步提到「人生是無巧不成書」，若我們能掌握生命中的巧合，人生是可以不必規畫的。

那麼，人生的巧合該如何印證呢？由於我的專攻是教育心理學，特別是在特殊教育方面，我便開始回想自己人生中的種種狀況，並思索為何人生可以不必規畫。藍博士說，在我們的生涯中，我們常會遇見意外的貴人，在你苦悶尋不到解決之道時，適巧有人及時幫了你一把；大家應該都有這樣的經驗，我也有相同的經驗。但當時仍不懂得這道理，只好藉助書本；於是，我找到心理學家榮格（Carl Jung）。

榮格提出宇宙中有一種自然的法則叫「共時性／同步性」（Synchronicity）；意思是說，有些巧合的事就是會自然發生；因為宇宙間有質量和能量的變化，當變化達到一定程度時，就會創造出不同的結果。

北宋的邵雍是一位命理大師。傳說，有一天，他用紫微斗數算出家裡的花瓶在中午時分會破掉。他感到半信半疑，就盯著花瓶猛看；到了中午，花瓶並沒有破掉。這時，老婆催促他吃中飯了；他要老婆別吵，並說他得盯著看花瓶是否真的會破掉。這莫名其妙的理由可惹火了老婆大人，老婆非要他快吃飯不可，於是火大地用手一揮，花瓶便應聲碎裂。瞧！可真神準啊！這其實也算是一種巧合的詮釋。

宇宙的構成基本上有各種不同的現象，現象就是我們眼睛所見的情景。就佛教觀點來看，這些現象都是有因果關係的，而因果關係是物質能量或某些人聚集所成；若能解讀這些生命中的巧合現象，就能產生一些改變。

榮格輔導許多個案走出心中的苦悶；其中，有個案主經榮格輔導了整整二十年卻始終不說話，榮格完全拿他沒輒。就在準備放棄的那天，一隻金龜子突然從窗戶飛進來，那位案主欣喜若狂地指著金龜子說：「我昨天就夢到一隻一模一樣的金龜子呢！想起我小時候，就為了金龜子……」這個從不開口的

案主竟開始滔滔不絕地敘述過往了。榮格驚訝於生命怎會有如此湊巧的狀況發生，而適時產生不一樣的變化。其實，類似這樣的巧合，在我們日常生活中，可說屢見不鮮。

例如，在拜拜時，發現燈泡突然破了；這個巧合可能就是在向我們透露些什麼訊息，就看我們有無慧眼去識破生命中的巧合。

巧合心理學認為，我們的生命中常會碰到一些奇奇怪怪的意外；例如：影印時，影印機突然故障；搭公車時，遇上連續的紅燈。又例如：你打算買間房子，看了好久，決定出門訂房時，車子卻發不動了。但車子平時的狀況很好，不曾拋錨；後來改搭計程車，卻沿路碰上紅燈；好不容易抵達目的地，卻發

現房子已經賣掉了！

這類的巧合該如何解釋呢？《聖境香格里拉》（時報出版）的作者詹姆士・雷德非（James Redfield）是巧合心理學的宗師，他在書中提到，美國總統林肯有一天在街上碰到一個撿拾破銅爛鐵的乞丐，他要求林肯出一塊錢買下他的破銅爛鐵；林肯身上剛好有錢，就真的買下了。回家後，林肯的爸爸為此責罵他一頓，認為他亂花錢。後來，他在這堆破銅爛鐵中找到一本《六法全書》，便開始閱讀，後來更成為一名律師。

釋迦牟尼也是一樣。他原是一位太子，父親始終將他保護得非常好；因為早有算命師預言，太子要是遭遇痛苦就會出家。太子於十九歲那年出城去，首次驚見街頭上橫躺著死屍；這是他人生中第一次接觸到死亡，他感到十分痛苦。後來，他見識過生老病死後，就真的出家去了。

從這些例子中，我們不難發現，人生真是無巧不成書啊！

孩子是武林高手？

朋友的孩子上幼稚園時，老師說他老愛找人打架，懷疑他有注意力缺陷的過動現象。基於比馬龍效應，他們決定讓孩子換另一所學校。

譬如說，我有一位朋友，他的太太在懷大兒子時，正盛行武俠小說。專家說，懷孕五週時，媽媽接觸到的事物將影響到胎兒。這位太太當時很迷武俠小說；結果，他的兒子出生後，活脫脫就像是郭靖、令狐冲、楊過之輩，整天爬上爬下，停不下來。上幼稚園時，老師說他老愛找人打架，懷疑他有注意力缺陷的過動現象。

那位朋友當時已經接觸到巧合心理學，雖不是很在行，但已有些概念，懂得逆向思考。

巧合心理學講的就是「人生無巧不成書」，且認為人一出生就是朝真善美發展；若是走正確的路，基本上人生是不會痛苦的。因為他瞭解巧合心理學，知道要把握住這個巧合來進行若干學習和改變。

基於比馬龍效應——父母認為孩子好，他就會表現得好；認為孩子差，那他就真的好不了；於是，朋友決定讓孩子換另一所學校。因為，原來的幼稚園老師已經認定他的孩子有問題了，那孩子就會真的成為問題學生。

換到新學校以後，他事先跟老師說明孩子非常調皮，請老師有心理準備；之後一個星期都不敢和老師聯絡，怕老師要孩子退學。一週後，他有一天去接孩子放學，老師熱情地說：「你的孩子很優秀，很活潑好動，是個非常健康的孩子。這孩子不會有問題的，只是我覺得他可能生錯時代了。」他一聽頗感錯愕，怎會生錯時代？

原來，這位老師也是武俠小說迷，老師發現這個孩子上課時總是東張西望，但仍能注意到老師的一舉一動；老師認為這是武林高手的本領——能夠隨時觀察四周的風吹草動，不致被暗算。因此，根據比馬龍效應，他兒子在這所新幼稚園是很有希望的。

但是，隔了幾天，他兒子突然說：「爸，我覺得我有問題，因為老師說我是過動兒。」巧合心理學告訴我們，當碰到巧合時，要用逆向思考；於是，朋友決定用心理學上的「自我暗示法」來改變兒子的想法。他在孩子半夢半醒時，在他耳邊輕輕說：「寶貝，你沒有過動啦！你是個健康的孩子，老師的觀念可能有些偏差。爸媽最愛你了，同學是喜歡你、想跟你玩，並不是真的要打你，你千萬別誤會。你既沒有衝動，也沒有過動呵！」他就這樣連續說了一個月。

有一天早上，兒子起床後對他說：「爸，我覺得我改變了，我沒有過動了，我決定不再跟人家打架。但請你答應我一件事：我睡覺時，請你不要再和我說話了好不好？害我都睡不著！」

看穿巧合的玄機

有一次心情鬱悶沮喪時，突然發現天際掠過一隻飛鳥；我就想到，這個現象給我的意義是要我「把握當下」。

巧合心理學的最高要義是「人生無巧不成書」，人生不應該有苦；若是感到痛苦，就要將苦視為我們的老師，並去善解：之所以會碰到苦，正是因為苦要告訴我們人生的答案。如果我們能夠思索並解答這些問題，人生就不苦了。

《與天堂對話》（時報出版）和《與神對話》（方智出版）這兩本書，都提到宇宙間充滿了正面的能量，這些正向的能量能讓我們的人生過得比較好。這些能量可能是佛菩薩或耶穌基督、也可能是我們的親朋好友或祖父母要來幫助我們，而他們幫助我們的方法就是透過巧合。

《曠野的聲音》（智庫出版）也是一本關於巧合心理學的書。作者瑪洛．

摩根（Marlo Morgan）是一名女醫師，她到澳洲行醫，過程中遇到原始的真人部落，這部落的原住民說要頒獎給她，並帶她到沙漠中，要她脫掉特地打扮的華服，甚至要她丟下信用卡。她原以為是碰到搶劫之類的；但冥冥之中，就是有股力量驅使她與這些真人部落的族人在沙漠中共同生活了兩個月。從這樣奇特的際遇中，她體會到：當人的想法和觀念，與外界的宇宙磁場、佛菩薩或上帝耶穌相感應時，基本上所要從事的任何事都會很順利；你不必害怕，只須勇敢去做。

真人部落的生活完全是和上天相感應——他們早晨祈禱能夠中午有水喝，中午祈禱晚上能夠有肉吃，這樣他們就很滿足、很感謝上蒼。結果，在沙漠中旅行的他們，果然在中午看到泉水，在晚上碰到生病的小鳥掉下來供他們當作晚餐。這種巧合讓瑪洛．摩根非常不能理解。她還發現，族人們不靠通訊、不用手機，完全靠心電感應就能彼此溝通。有一天，族人獵了一隻袋鼠，因為某種緣故，必須把袋鼠的腿留下來；就在旅程中，有人突然感應到部落裡的族人要他們留下袋鼠腿的訊息，這完全是透過心電感應的。

瑪洛．摩根在這樣的生活中非常感動。有一天在就寢前，她對著滿天星斗感謝神讓她有這樣奇特而快樂的經驗；結果，族人跑過來告訴她：「神說，請妳別客氣！」真是嚇了她一大跳。這就是人生的巧合，人生無巧不成書。

很多人認為《曠野的聲音》書中的觀念和故事很不真實；但是，這樣的故事在佛教中是很常見的。

六祖慧能就是一個實例。慧能的父親早逝，家境一貧如洗，慧能和母親兩人相依為命。慧能目不識丁，又無一技之長，只能從事撿拾柴火的工作。就在一個嚴冬的日子裡，他的柴火賣不出去，正感到沮喪無助時，路過一個老太太家，正好聽到老太太在誦《金剛經》：「應無所住而生其心。」慧能頓時感動得痛哭流涕。

何謂「應無所住而生其心」？慧能頓悟到：就是不能有執著心，不要執著自家貧窮，不要執著自己目不識丁；因為佛陀說過，我與其他人都具有金剛般堅固的佛性，這個佛性人人具足且不會改變。所以，雖然我是如此地貧困潦倒，但我和別人其實毫無差別。慧能的遭遇可說也是一種巧合。

我自己也碰過許多巧合事件。我常到苗栗九華山朝拜觀世音菩薩。有一天，我朝拜結束正準備開車下山時，車子卻發不動，我以為車子壞了。這時，一般人會感到痛苦；但是，巧合心理學告訴我，在遇上巧合時，要學會逆向思考。

於是我靜下心來思考：車子發不動，是否要告訴我什麼訊息？我反省到，我平時總是開快車，這個巧合也許是要我開慢一點，才不會發生危險。當我才這樣想完，車子竟神奇地發動了。一般人會認為這車子有問題，我也不例外，所以隔天就將車子送修；但是，檢查結果是車子完全正常。

另一次是車子完全動也不動，我正在傷腦筋；接著我一轉念，認為這可能又藏著某些訊息要告訴我。於是，我再靜下心來，反省到當時四處趕場演講，常開快車，是不是應該開慢一點才對？才剛想完不到一分鐘，車子竟然又可以發動了。

也許你不信天下哪有這般連番巧合的事？但這是千真萬確發生在我身上的經驗。這不是迷信，這是巧合！若你出門前發現燈泡破了，就認為是諸事不宜而不敢出門，這就是迷信。但是，巧合心理學則是要喚起我們注意生活中的各種現象，這些現象也許就出現在你身邊的所有事物上。

例如，當我有一次心情鬱悶沮喪時，突然發現天際掠過一隻飛鳥；我就想到，這個現象給我的意義是要我「把握當下」。「當下」這個字的英文是present，而 present 當名詞時的意思是「禮物」；換言之，把握當下就是把握上天賜予我們的禮物。

巧合無所不在

生命中常見但又有些不可思議的現象，可能是要透露某些訊息給我們；若是我們能夠解讀這些巧合，就能從中獲益，甚至進一步創造生命的奇蹟。

我早年是基督徒，現在則是佛教徒；我拜《地藏菩薩本願經》拜得相當虔誠，才發覺生命的磁場原來可以和外界的磁場產生共鳴。當你把心放得很輕鬆，達到清淨心、類似禪定的忘我境界時，自然會開智慧。

透過禱告和自然、上帝接觸並產生感應，這其實是很普遍的，尤其在佛教中特別多，所謂「有求必應」。基督教也有這種感應，像〈腓立比書〉第四章中便提到：「應當一無掛慮，只要凡事借著禱告、祈求和感謝，將你們所要的告訴神。神所賜出人意外的平安，必在基督耶穌裡，保守你們的心懷意念。」亦即，只要透過誠心禱告和祈求，就能得到你所想要的。

也許你會說：那麼，人生就是巧合的，完全不必要規畫安排嘍？這樣的想法也過於簡化了。巧合心理學的主張是，當你有困惑或遇上疑難雜症時，應當先靜下心來；如《大學》所言：「誠意、正心、修身、齊家、治國、平天下。」

巧合就在日常生活當中，是無所不在的，重點在於我們如何解讀巧合的意涵。解讀生命中的巧合有四個步驟：第一是透過清淨心，就是要保持安靜的心；當我們無法及時解讀巧合的意涵時，才能透過祈求、禱告和感恩。當我們碰上人生重大的難題時，不妨把問題拋出去，可能就會得到訊息。

我爸爸過世之後，媽媽就到市場賣菜維生，有時我也會過去幫忙。有一天，我在家頑皮地練習翻跟斗，不小心把爸爸的遺像打翻了，嚇了我一大跳。我平時技巧很棒，從不會打翻任何物品；整理之後，心裡一直擔心會被媽媽罵一頓。結果，媽媽那天賣菜特別晚回來，回到家時臉色蒼白；她說，她中午賣菜時暈倒了二個小時，當時正好是我打翻爸爸遺像的時候。

發生這種巧合現象時，大家不必驚慌恐懼。愛因斯坦發現相對論時，已經告訴我們這個世界並非三度空間；當外在宇宙的能量達到某種現象時，你眼前所看到的東西，可能會受到某些影響而改變。例如眼前的花，當外界能量大到某一程度時，花可能就不是花了。更簡單的例子是，當水達到一百度時，它就開始沸騰、蒸發而改變了樣態。

台大校長李嗣涔曾進行一項實驗，讓小朋友以手指測字；結果發現小朋友能感應到紙張中所寫的字，特別是佛菩薩、上帝、媽祖等。於是，他進而發現宇宙間有個信息場；當我們對宇宙進行感應時，宇宙也會以各種正面的訊息回應我們。

這種原理並非宗教領域才能體會到，老子早就領會了；他主張「守柔」和「居後」，只要是在清淨心的狀態下，就能和外界保持感應。孔子說他五十知天命，七十才能從心所欲不踰矩；西方更進一步發現，從宇宙的磁場可以發現，人在出生之前就有所謂的「出生憧憬」，也就是人生目標在未出世之前就已經確立了。

巧合的真義

人生之所以會有痛苦，是因為走錯了路，而且不能夠理解過程中的巧合真義所致。

藍博士說：「人生其實一點都不苦；人出生後即朝著真善美聖的目標前進；之所以會有痛苦，是因為走錯了路，而且不能夠理解過程中的巧合真義所致。」只是，很多當下的現象，我們都無法及時瞭解。

那麼，究竟要如何才能瞭解巧合的真義呢？就是要在清淨心的狀態下。清淨心除了在佛教中特別常提到之外，《尚書》也提到儒家的十六字真言：「人心惟危，道心惟微；惟精惟一，允執厥中。」

這十六字真言正是我們的主題：人生是變幻無常的。各位回想看看，我們經過九二一大地震，經過每年的風災和水災及各種大小選舉等，一切實在變化太快了。《易經》提到「變易」、「不易」和「簡易」，正是在說明：宇宙中只有一個不變的道理，就是「改變」。變化如此無常，真的沒有一些「常」的法則可供遵循嗎？有的，就是科學家講的「混沌理論」，亦即宇宙是亂中有序的，巧合就是其中的巧妙變化。當外界的能量和質量產生某種變化時，就會出現某些現象，這就是巧合。

《創造生命的奇蹟》（天鏡文化出版）作者露易絲．賀（Louisc L. Hay），她在美國也是講述巧合心理學。她原本不知自己得了癌症，只覺得身體老是不適。有一天，有個醫生告訴她：「你可能得了癌症！」此時，露易絲．賀家的時鐘突然整個掉了下來，把她嚇了一大跳。

後來，她就以物理學的現象和量子力學將之歸納出十點巧合心理學的原理，其中一點就是「混沌理論」。亦即，宇宙間是混沌變化的，這個變化包括陰陽；但陰陽間是有順序可循，就是亂中有序；而亂中有序基本上就是指巧合。亦即，某些現象在某種情況下，當它的能量達到一定程度時，就會產生榮格所說的「共時性／同步性」——當我們在想一件事時，那件事正好發生，這就是巧合。

榮格進一步解釋這種生命中常見、但有時又有些不可思議的現象為「有意義的巧合」，是要透露某些訊息給我們；若是我們能夠解讀這些巧合，就能從中獲益，甚至更進一步創造生命的奇蹟。這就是露易絲．賀在《創造生命的奇蹟》中的論點；因為她得到癌症，並瞭解到這種巧合的變化，於是進一步思考如何改變。她察覺到她的生活中有太多複雜的現象，便透過逆向思考來讓清淨心呈現；清淨心來自反省和觀察，觀察生活中細微的起心動念。

清淨心

巧合是變化多端的，要找時找不著，不找時偏又出現；所以，我們要採逆向思考法，就是不執著、應無所住、心懷謙卑，也就是要從清淨心開始。

如何著手呢？可以透過祈求和禱告，有些佛教徒還會透過懺悔，然後把自己的問題拋出去。有些人還會透過卜卦，這基本上也是巧合心理學的應用，但要點是必須心誠，「心誠則靈」。無論如何，一定要保持清淨心，就是《尚書》所說的：「人心惟危，道心惟微。惟精惟一，允執厥中。」

「人心惟危」意指我們的心是虛假的、是易受外在影響而變化多端的；道心才是我們真正的心，它是從隱微處出發。因此，基本上我們要多用心，用心就從逆向思考開始，從感恩心出發，去善解每一個巧合，即使是運氣不好的巧合。

我剛回國時，忙於四處演講「生涯規畫」專題；我當時也是鼓勵大家要做好生涯規畫、找到人生目標，然後努力勇往直前。一段時間之後，我發現大部分人的生涯規畫都和他的現實生活不一樣，包括我自己。

大家不妨想想，你大學所讀的科系，和你現在所從事的職業是否百分之百相同呢？可能大部分的人都不盡相同。於是我們發現，生涯規畫了半天，結果走的路都不一樣，連孔子也不例外。他的人生最大目標是從政；但直到五十歲，他才知道自己的天命是為人師表；也是直到這個時候，他才領悟到應該順應著本性去做，才能瞭解生命的過程。但是，這樣的過程畢竟不容易。

我剛回國時講授巧合心理學，晚上則在寫書。有一天，我感到非常高興，我突然領悟到巧合心理學是在說明人生一點都不苦、人生是亂中有序的；巧合會透過動物、植物、貴人、做夢等各種現象來呈現；若我們能解讀這些巧合，苦便是我們的老師。

想到這兒，我整個人欣喜若狂而大笑出來。太太納悶地走過來問我在笑什麼？我向她解釋，只要保有清淨心，透過祈求、禱告和感恩，把問題拋出去，自然會得到某種回應來讓我們解讀；在更深刻的狀態下，還能夠透過能量的變化而創造奇蹟；就像中國人講「氣」，透過氣的交換便能夠改變外界的磁場。露易絲．賀就是深諳這箇中道理，所以寫下《創造生命的奇蹟》；最後，她的癌症也痊癒了。

我家牆上掛著清朝詩人鄭板橋詩詞的匾額，那闋詞寫著：「名利竟如何？歲月蹉跎，幾番風雨晴和。愁水愁風愁不盡，總是南柯。」就是要我們看破名利，不要終日為它而耗費了我們的青春年少，最終只落得南柯一夢。

我將寫作巧合心理學專書的構想告訴太太後，我太太就指著匾額，勸我不

名利竟如何？歲月蹉跎，幾番風雨晴和。
愁水愁風愁不盡，總是南柯。

要妄想功名利祿，還是與人為善、做人實在的好。

當時我哪裡聽得進這些話，堅持熬夜寫到天亮，共完成了三、四萬字，非常滿意自己把巧合心理學的要義解析得淋漓透徹。正要自豪地向老婆誇耀時，說時遲那時快，突然停電了！我辛苦一個晚上用電腦打下的大作並沒有存檔，就這樣瞬間消失無蹤了，所有心血頓時化為烏有。這也是生命當中的一種巧合。

巧合基本上是無所不在的，理論也非常多，坊間相關的書籍更是不勝枚舉。那麼，要如何做才好呢？我有一個口訣與大家分享：「人心惟危，道心惟微；互補相爭，花火同時；亂中有序，覓跡無蹤。」雖然亂中有序，但真要尋找巧合，可未必找得到。巧合是變化多端的，要找時找不著，不找時偏又出現；所以，我們要採逆向思考法，就是不執著、應無所住、心懷謙卑，也就是要從清淨心開始。

在禪定中即可獲得清淨心；其實，只要保有謙卑的心，這就是一種禪定境界了。謙卑也是一種逆向思考，就是認為自己沒那麼偉大、沒啥了不起；「偉大」實是痛苦的開始。只要能謙卑，就會對生命產生敬畏和感恩，感恩父母師長在我們的成長過程中，一再給予我們學習的機會。當你能這樣想，心自然就開始安靜下來；安靜時，你的良知就會開始和你對話，給你不同的訊息；然後你再透過細心的觀察去解讀訊息的意涵。

清淨心不只是謙卑而已，清淨心還需要懺悔和禱告。從前，人們在擲筊前，也必須先禁食，然後懺悔、禱告之後再祈求，這樣才能靈驗。佛教也教我們要皈依，當我們的心與佛菩薩的願心相應，就能有求必應；佛菩薩要幫助我們太容易了，只要透過我們的心，透過外界磁場產生變化，就能給予我們訊息。要把握住這些訊息，就要有清淨心，然後保持細微的觀察。

平等心

佛陀說：「眾生都有佛性，眾生皆能成佛。」我們要相信自己與其他人的生命潛能都能百分之百得到開發。

除此之外，還要有平等心。一般人都很驕傲，驕傲便不可能有平等心的。要具有平等心，首先要相信自己，其次是相信別人，相信我與其他人的生命潛能都能百分之百得到開發。

佛陀說：「眾生都有佛性，眾生皆能成佛。」這就說明了我們的生命潛能絕對能夠完全開發。眾生包括天上飛的、地上跑的種種生物，甚至是跳蚤蟲蝨；牠們都能成佛了，更何況你我呢！

但一般人不太相信自己能夠成佛，就是因為比馬龍效應；因為從小父母師長就認為我們這兒不好、那兒很差，所以我們都不覺得自己真有那麼好，除非你碰到佛陀和耶穌。耶穌說：「信我者得永生。」《法華經》則說：「眾生平等，人人皆可成佛。」

所以，我們要有平等心，相信自己和別人在生命過程中都能得到百分之百的開發。

這種平等心只要透過安靜就可以獲得。就算你不是佛教徒和基督徒，只要靜靜懺悔自己是否曾經在某種狀況下對不起別人或有違良心，只要懺悔即可。

覺悟心

隨時提供自己正面的想法，去發現好處和優點，從困境中去發掘可能透露出的正面訊息。

我一再強調，巧合心理學是可以透過外在祈求而得到，只要有清淨心、平等心，再加上一個覺悟心。

在佛教中，覺悟的心有四種智慧：妙觀察智、成所作智、平等性智、大圓鏡智。簡單地說，就是要時時保持觀察，當我們碰上問題時，要善解這些問題和巧合，而不是將之視為惡運等不好的徵兆。

例如，考試考差了，不要怪運氣不好，而要用「優點療法」，認為是自己努力不夠，需要更下工夫去努力。這就是覺悟心，亦即隨時提供自己正面的想法，去發現好處和優點，從困境中去發掘可能透露出的正面訊息。

回饋心

當你感應到外界給你的能量時，你也必須將自己的能量和磁場傳達給別人，這就是責任。

覺悟心之後是回饋心，也稱回報心。當你感應到外界給你的能量時，你也必須投注這些能量；做生命當中會開花的樹，將自己的能量和磁場傳達給別人，這就是責任。

時下年輕人流行的價值觀是：「只要我喜歡，有什麼不可以。」普遍沒有什麼責任感。我認為，這句話應該改成：「只要我喜歡，就要負責任。」責任的英文是 responsibility，就是反應（response）加上能力（ability）；別人叫你，你有反應，就是有責任感的開端。

當別人呼喚你，你的回應力愈快、愈強，你的責任心就愈大。在佛教中，如藥師佛和阿彌陀佛，祂們都發了好大的願，只要呼喚祂們的名號，就能往生祂們的淨土。觀世音菩薩也是「千處祈求千處應」。如何能得到這樣的感應？佛教中闡釋得十分明白：「菩薩清涼月，遊於畢竟空；眾生心水淨，菩提影現中。」巧合心理學是無所不在的，就像佛菩薩無所不在一樣；佛菩薩就像清涼月，只有在我們很清明的狀態下，才能看見生命中開花的樹。總之，要先安靜，安靜之後才能做判斷。

《曠野的聲音》中，真人部落的孩子一出生，大人就教他們學習觀察；他們認為人世間只有一件事是真實的，就是——觀察。但我們常常不做觀察就直接下判斷，如此判斷後就會產生痛苦；因為，當我們有偏見，看某些人事物不順眼，就帶來痛苦。我們要在平等心中做觀察，要用正面積極的心去觀察，不要認為困境是在找麻煩，而要試圖解讀出其中的訊息。

我要再度重申：巧合心理學認為人生是不會有痛苦的，人生是朝真善美的道路前進；只要能掌握巧合存在的現象，並透過清淨心、平等心、覺悟心、回饋心去體會。如何著手呢？在日常生活中要透過逆向思考法，就是中國人說的「運命」——運命而生，轉命而行，亦即我們的命是操之在我們手中。所以，我們對自己要有責任感，要對自己的生命盡責任。

要逆向思考就得善解思考；善解思考就是要轉念思考；轉念就是轉成積極的正念。所謂積極，就是「此處不留爺，自有留爺處；處處不留爺，爺爺山上住；山上沒得住，爺爺逛馬路。」反正人生就是有路可走。正所謂「山不轉路轉，路不轉人轉；人不轉心轉，心不轉念轉。」

總之，無論是清淨心、平等心、覺悟心或回饋心，都是從善解和逆向思考開始。亦即，在生命過程中，要入一切境，但不為一切境轉，而要有轉一切境的智慧。常識是知其然但不知其所以然；知其然並知其所以然的是知識；知其然且知其所以然又知其所當然，這就是智慧。智慧是進退自在、能入一切境但不隨境而轉的能力，也是巧合心理學所推崇的能力。

要達到這樣的智慧當然不容易，這就要透過清淨心，讓自己謙卑、安貧樂道。泰戈爾說：「我們擁有的是我們的限制。」我們擁有愈多，我們所受到的限制就愈多。所以要無知、無私，就是要謙卑。《金剛經》提到「無相」、「無念」和「無住」，又說：「一切有為法，如夢幻泡影，如露亦如電，應作如是觀。」意即，世界萬象都是虛空的，是透過巧合去呈現的。此外尚有無為法：「一切無為法，如虛亦如空；如如心不動，萬法在其中。」亦要我們不執著、不要沾染，要保持清淨心；若我們能夠如如心不動，外界的變化是能夠隨心所應、隨心所轉變的。

雖然這些道理是知易行難，但請不要氣餒，人生路程總是要屢敗屢戰、愈挫愈勇。總之，在生命過程中，我們常會遇到意外的人事物，這些都是生命中的巧合。人生是不苦的，有些巧合也許令人感到痛苦，但任何痛苦都是我們的老師；我們必須面對它、接受並處理它，處理完並放下它。只要具足清淨心、平等心、覺悟心和回饋心，就能達到這樣的境界，並且發現人生無處不春風，而能有「春有好花秋有月，夏有涼風冬有雪；若無閒事掛心頭，自是人間好時節」的達觀開放了。

（本文為演講整理）

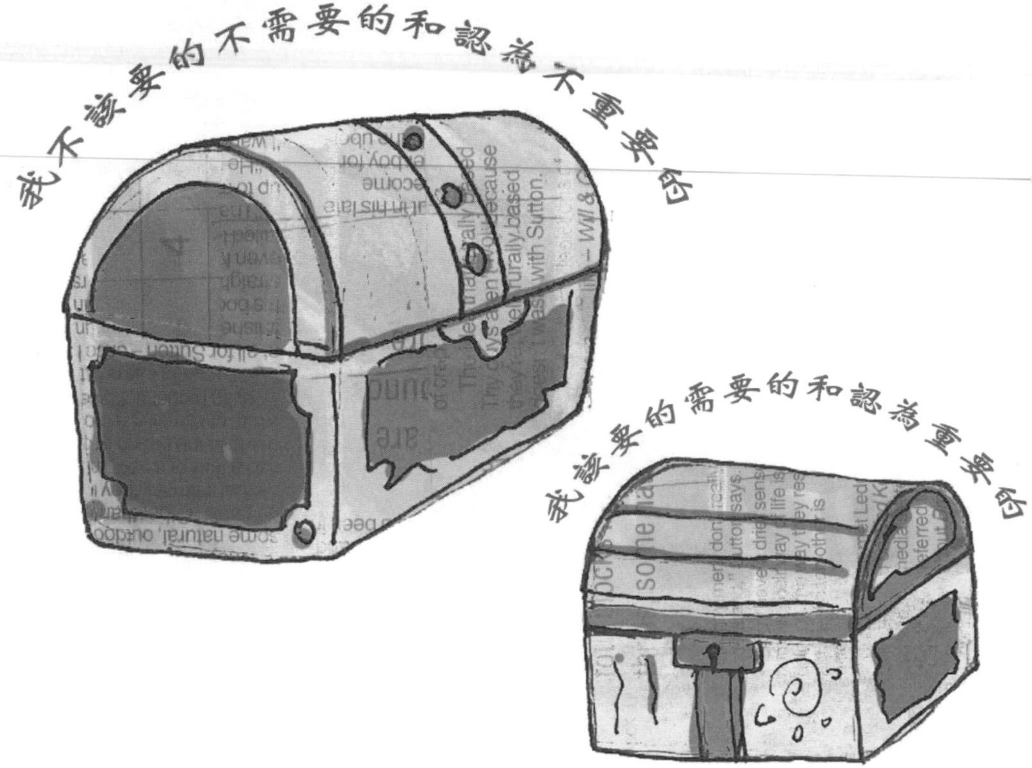

演活自己，演好人生

生是父母決定，死是上帝決定，人生的過程則由自己決定。在我的錦囊寶盒中，我分成兩個部分：我該要的、需要的和認為重要的，以及我不該要的、不需要的和認為不重要的。若能將這兩大項目區分得清清楚楚，就能找到最適合你的人生必需品了。若能如此，要演活人生真的不難！

⊙游乾桂（作家）

北投八一八醫院（即現今「國軍北投醫院」）是我從事臨床心理醫療的起點；我在這裡邂逅了許多精神病患，發現這些原來是課業成績上的成功者，而在人生的角色卻是失敗者。他們提供了我對教育與生命的深沉反思，開始明白什麼是對的？什麼是好的？

高處不勝寒

所有成功者都曾經是失敗者。失敗給予我們經驗和閱歷，而經驗加上閱歷就是智慧；有了智慧相輔佐，才有成功的指望。

我的教育論述於是與別人有了不同的思路；因為我是由果去反推因，而多數的專家是由因去推論果，當然有不同的理路。我常陷入深思：一個明明是資賦優異的小孩，何以把人生演得昏天黑地、一無是處呢？

台大醫學院畢業的高材生，任誰都不可小覷。就成績來說，他當然是個資優生，而且厲害得不得了，像是武俠小說名家金庸筆下的東方不敗或者獨孤求敗；可是，他的人生卻一敗塗地。這是一個什麼樣的窘境？

我遇見他時，他並非醫生，而是病人。

這就增加了我更深層的迷惑：讀了醫學院七年，讀成了精神病人，這是一條什麼樣的路程？我開始花時間釐清這條路的行走方程式；幾乎每個晚上，晚餐之後，散步完畢，洗過了澡，我便隻身來到病房陪他，想更進一步瞭解來龍去脈。

事實上，我的努力並未立即打開他的心房，反而使他害怕與厭惡；護理人員甚至「恐嚇」我，所有醫護人員都被打過，只剩下我了。我正沾沾自喜、以為自己和別人不同時，她接著說：「不是因為你特別，只是因為你是新來的，還沒機會被打而已。」

最初的三個月裡，我和這孩子的關係始終若即若離，我既想和他聊天，又不敢太靠近他。有一天，護理長又對我說：「如果你懂一些古典音樂，這孩子可能會比較喜歡你。」從那天起，我就用心研究古典音樂；果真派上用場，得以走進他的心房裡，可以和他坐下來談談心。

我從中得知兩個「祕密」。第一，從小學至高中的十二個年頭裡，他從未考過第二名。全是第一名。

第一名不好嗎？

如果是天賦、水到渠成，那就還好；如果是拚了命要來的，而且要得極其辛苦，因而罹患「第一名症候群」，那就不太好了。為了守著那個叫做「第一名」的頭銜，就如同金庸小說中的岳不群，為了守著武林盟主的名號，用計使壞，讓別人痛苦，自己也辛苦。回回考試回回焦慮，以至於開始會啃手指、發脾氣、摔東西，只因「高處不勝寒」啊！

我們的教育一直鼓勵人們追求成功，不准失敗；可是，人生的實況卻是失敗隨時都可能發生，這是相對的道理，而失敗本身的意趣卻因而消失不見了。事實上，在哲學家的眼中，失敗富含了兩大意義：經驗和閱歷。經驗加上閱歷就是智慧；有了智慧相輔佐，才有成功的指望。

心理學家一再提醒人們，聰明並不可愛，真正可愛的是智慧。聰明是天生的，智慧是後天的；聰明的人不一定有智慧。單靠聰明，能讓你的在校成績表現優異，卻不一定能在複雜的社會裡好好演活自己。

「好路」是人們窺見的祕境，以為成績好、考得好，人生就好。事實上，每個人的人生都證明了，人生的優質與否與學校及社會地位、財富都未必相關，而與自己最有關。

醫科是好路，可是我的那位病患不喜歡，最後成了錯路。他喜歡古典音樂，而且早知道自己能當音樂家；這一條原本對的路，假以時日定是好路，可是卻被市儈的大人剝奪了，只因他們相信醫生比音樂家棒。事實上，只要把自己演得最好就是最棒的；物理學家不是文學家，運動選手不必是音樂家，藝術家未必是化學家，人人頭上都有一片天。

教育是把人放對地方，引他進入屬於他的天地，而非到一處土壤不合宜的地方重新開始。

「適才適所，順性開發」一直是我以為最妙的教育哲學，這樣才能使之演好自己、演活人生。

大器晚成

小時了了，也許大未必佳；但大器晚成，一定是水到渠成的結果。若我們都能把人生演到水到渠成，就終有發光發亮的一天。

兩種類型的人令人反思，其一是大智若愚，其二是大器晚成；心理學家的研究指出，一個人成熟的年齡約莫是四十歲，似乎正應驗了大器晚成的道理。

「非洲之父」史懷哲是位成就非凡的醫生，但一生坎坷。史懷哲並不擅長讀書，上大學的機緣是由手中的手風琴創造出來的；他的琴彈奏得很好，得到同樣也喜愛彈奏手風琴的校長支持，破例進入歷史系就讀。念歷史的史懷哲，後來又念了文學，直到三十歲才進了醫科，三十八歲才從醫學院畢業。誰知道這位「老」醫生會是史上最好的醫生，一生在非洲行醫，成了非洲公認的父親。

我當初會報考醫科，就是因為閱讀了《史懷哲傳》。依我當年的聯考成績，我應該上牙醫系，卻把心理系填在前頭；這個陰錯陽差，如今使我失之東隅、收之桑榆，反而讓人生轉了一大圈，回歸美好。當年對了，如今也許就錯了；人生的錯錯對對，不是一件事可以決定；更不是一次考試、一種分數可以說了算的。

我當醫生可能不是好醫生；一個老看錯牙齒的牙醫，如何演出好醫生呢？可是我卻是個好的心理學家；替人醫心，也算功德無量吧？

我於是明白，成就不是成績，而是努力之後慢慢累積的結果。蓄積能量，有了成果，積少成多，終究會抵達終點的；而且人人不同，有人快一點，有人慢一點，但沒有人敢肯定快的勝過慢的，有時慢工出細活更好，諾貝爾獎的得主便幾乎都是老人家。二〇〇七年文學獎得主多麗絲．萊辛（Doris Lessing）得獎時是八十八歲；她說還好自己活得夠老，否則還拿不著咧！許多醫學獎的得主都超過八十歲，表示這些人全用歲月累積到足夠豐富的知識，才會做出好貢獻。

我最怕少年得志者；有些人太早有了成就了，反而不是好事，守不住的，因為「小時了了，大未必佳」。

可是，大人們卻喜歡孩子「小時了了」，最好一直比人強：兩歲可以做伏地挺身五百下，五歲可以吊單槓，十歲跑得像飛，十五歲就長出翅膀了……事實上，快的人未必走得長久，未必到得了終點。如果終點是人生最圓融之處，這些人

似乎注定在前面五百里地就已氣力放盡了。

瑞士兒童心理學家皮亞傑（Jean Piaget）曾說：「請你記住，孩子的名字永遠叫『小孩』。」

他想提醒我們的，正是遵照孩子成長的韻律來走，不要揠苗助長了，否則會適得其反、得不償失。

猶記得龜兔賽跑的故事，最後的贏家是烏龜；但何以是牠贏？在我看來有兩個理由：一是烏龜命長，走得久便走得遠了；二是一步一腳印，牠只能前進不能後退，一直走，前方就是大海了。

上帝公平嗎？

笑話一則吧？世上本就有人厲害、有人不厲害；有人聰明、有人不聰明；成績排名，總會有人第一、有人墊後；有人小時了了、有人大器晚成。然而，小時了了，大未必佳；但大器晚成，得到了水到渠成的結果。

如果就此來說，上帝也算公平吧！

每個人的人生都有一個發光的開關，只是開關的時機點不同。

有人十八歲就打開了，但三十八歲就關上；有人到了三十八歲才打開，但終其一生散發著熠熠光彩。有「畫壇奇葩」之稱的劉其偉老先生，同時擁有人類學家、考古學家、冒險家、工程師等多項頭銜；他到了三十八歲才努力習畫，成名的那一年是六十六歲。

我用心研究了這些我喜歡的專業者，得到一個結論：他們的成就，悉數是興趣加努力的結晶。

成功五大要件

若你具備自信、興趣、創意、健康和快樂五大要件，請大聲告訴自己：「我是一個成功者！」

並非人人都能如願在一生中維持著光亮；有些人有機會傑出，有些人一路平凡到老。然而，平凡並不表示差勁；我們可以看到許多傑出但不快樂的人，也有不少平凡卻充滿快樂的人。

在我眼中，能擁有快樂，才能真正稱得上成功的人。

研究指出，成功的五個要件是：自信、興趣、創意、健康和快樂。

工作不該只是職業，最好是志業。有人念了多年書，取得高學歷、找到好工作後卻不快樂；這是因為，他把工作當職業，而未能當成志業。工作若只是職業，不能與興趣相符，那就只是賺錢的手段而已，勢必只能扮演一部好用的機器，而不是人。

朋友幾年前從美國返國，與我見面聊天，談及一位鄰居。那位鄰居是當地華人社區裡的名醫；有趣的是，醫師的兒子卻是社區裡的清道夫。

他的朋友一直不解，終於鼓起勇氣問老醫師，怎麼捨得讓寶貝兒子清理垃圾？老醫師笑笑說：「兒子不是在撿垃圾，他是在進行社區服務。」這個兒子很有骨氣，不拿爸爸的錢，一切要靠自己。

當一個人的勇氣、骨氣和志氣三者兼備，就有才氣！在台灣，擁有高學歷看來已愈來愈簡單，但要擁有能力可就愈來愈難了。父母必須真心理解，念哪一所學校不重要，重要的是有沒有從中學到能力？

醫師的兒子，最後爭氣地成為一位出色的畫家。他說，他賺到的不是錢，而是人生難得的快樂！

沒有快樂，還談什麼呢？醫生荷包賺得滿滿，卻整天想自殺，是好或壞？我們常陷入這樣的迷思，要求孩子成為一流的人；錯了！一流未必有用，有用才是一流，我們應該要求孩子成為有用的人才是。醫生當然是一流人才；但如果他什麼都有，就是沒有醫德，那你不怕嗎？如果一個會製造核子彈的科學家說他很想炸人，這世界就永無寧日了。

「一流」和「有用」的差別在於：一流是一步登天，有用是按部就班；一流未必有用，有用則會成為一流。

笨一點有何不妥？我就喜歡金庸小說中的老頑童周伯通，看似胡塗卻不胡塗。工作需要熱忱，而不是學位，這樣方可把職業成為志業。

老師成了「教育工作者」，才能作育英才；如果只是老師，大概就只是領薪水的了。

創意很重要，它是一個人如虎添翼的魔法。

取得文憑叫學歷，言之有物是學問，兩者大不同；父母喜歡會讀書的，老闆則喜歡能用的。

有人這麼說，如果一個想法或一個理論是由你的腦中想出、由你的口中說出、由你創造出來的，那叫「知識」；你的知識讓大家都知道以後，就變成了「常識」。例如，「九九乘法」發明時是知識，被我們背得滾瓜爛熟後，就是常識了。讀了一大堆常識後拿得學位，常識依然是常識而已。

常識的意義在於讓我們有機會利用它再去創造知識，而非敝帚自珍，視之為寶貝；能用它取得更多的知識才是巧妙。

有了知識，添了智慧，方可以用腦袋賺錢；事半功倍之後，省下的時間，便可以陪陪家人、過過生活，遊山玩水一番。

用腦袋賺錢的人是勞心者，用雙手賺錢者是勞力者；現今卻產生了一個現象：很多讀了書、擁有高學歷，最後卻成了勞力者，這才是我覺得可惜之處。一個人花了很漫長的一段時間求得了學問，最後只是個勞力者，讓我對教育有了更沉痛的思考；若是如此，那與一位學歷低下者有何差異？

如果讀書與不讀書、名校與非名校得到的是同樣的結果，包括相同的工作、相同的薪水、相同的工作產能，我便很難理解讀書之用了。

讀書在我看來，就是得擁有敏捷的思維，至少可以舉一反三、聞一知十，做出令人眼睛一亮的效果。如果一張設計圖可以賺得一百萬，為何要用一年的時間努力工作才能獲得？兩者一比，高下立判，不是嗎？

健康是一切之本，這是我這些年來最大的體會，沒有健康的人生是會歸零的。有了健康，人生是長路；少了健康，人生成短路。

沒有了健康，一切全是枉然；可是，健康這件事我們常常一閃神就把它拋諸腦後了。我們在教孩子的過程中，有多少人記得提醒孩子健康的重要性？父母忘了，就連從事教育的學校也忘了；老師忘了，便把原本該用來尋找健康的時間，借用來考數學、物理、化學。這些他們以為重要的事，經過人生檢驗後才赫然發現，根本沒那麼重要；不可能有超過百分之一的人，一輩子以物理維生、以數學維生、或者以化學維生，甚至大多數的人根本沒有再使用過這類的學問。這就不禁令人懷疑，學它們所為何來？

人生的目的，很清楚地有兩個：得到你想要的、享受你得到的。前者並不難，但後者可就不容易了。我問過一位學法律的朋友：「如果有一天我死了，我名下的財產會歸給誰？」這位朋友斬釘截鐵地說：「肯定不是你的。」我聽懂了。就算賺得一億元，還要有體力和時間來花這些錢；花了錢之後，還要能得到快樂才行啊！

我們太過把教育擺放在「掠奪者」的角色了，其實還應該有「享樂者」才是；只有「得」沒有「用」的人生，真的太苦。

人生若是天平；有了快樂，天平往右傾斜；沒有它，天平則往左。你的天平往哪邊傾斜呢？在我以前住的鄉下，如果你問人家「你快樂嗎？」多數人會說快樂；而今我住在城市，我問過很多友人，他們異口同聲地回答「不快樂」。可是，當年的鄉下全是收入有限的人，沒有太多錢，現今的城市則多為有錢人；兩相比較，真是諷刺。

不快樂久了，肯定會憂鬱的；再不改善，就成了精神病人了。印證調查，的確如此：四個人之中有一人有憂鬱傾向，一半的老師不開心，媽媽的痛苦指數是八十三點三，爸爸的難過指數則為七十。

快樂的人，效率是不快樂者的一點七倍。更重要的是，快樂者懂得舒壓，還能看見陽光；反之，就會感到世界陰雨綿綿了。

思考力、想像力與創造力

讓孩子背那麼多死知識是沒用的；我們不要死背，而要懷疑；懷疑才能找出答案，找答案才能產生創意。

死背是無意義的；用力背而得到好分數也是無意義的；因為，宇宙根本沒有正確答案，它是變動的。地球從橢圓體，變成哥白尼口中的圓體；玉山的高度從三九九七公尺變成了三九五二公尺，東北從九省變成三省，就連天下第一高峰聖母峰的高度也一變再變。飛機的速度變了，火車的速度也變了，而且一直在變，沒有停止的跡象。單單學到、懂了、理解課本那一套是不可能管用的。

課本中寫的、我們考的、孩子背的，全是過去式，單靠這些東西，實際上是很無用的，我們離開學校，進了社會，需要的是未來式，這也是我從事親職教育多年以來最大的憂心，如果只有死記不能活用，讀書幹嘛？

學習一事不是學到記憶力及背誦能力，而是思考力、想像力與創造力等等。只有記憶力的人，人生會塞滿問號；有了上述三種能力者，人生會多了驚歎號。

為人父母的我們，喜歡孩子天資聰慧；可是，這樣的麗質其實是天生，一點不能強求。某些事生來就決定了，擅長音樂的，不一定學好物理；擅長理則的，也許非藝術專家；作家未必是化學家，人人大不同。但是，有些事是可以學習的，比方說創意；只要提供給孩子機會，都可使之成為該專業的創意者。

創意是我這些年來談及教育時必提的話題。沒有創意注定平庸，無法在某個領域中顯露自己的特別之處；那麼，名校與非名校畢業有何差別？會讀書與不太愛讀書的兩個人領了同等薪資、坐在同一間辦公室、為同一老闆工作，差別依舊不大；真正有差異的是腦袋中的東西，平凡者舉一反一，不平凡者舉一反三，就是如此而已。

愛思考的人是可以培養得來的？

有四個問句很管用，就是「為什麼？怎麼辦？接下來呢？還有沒有？」這種反問的形式可以激發孩子思考，連結出更多的邏輯向度。

物理學家費曼（Richard Feynmen）是我喜歡的一位老頑童，他的創意據說得助於父親。當他父親看見鳥在樹梢時，通常不問那是什麼鳥？而是改用鳥在樹上搞什麼飛機？

他從小就知道答案不是一個，而是很多個，甚至沒有任何正確答案。文學家林語堂也是個可愛之人，他的教育方式足以令孩子更有創意。他不喜歡給孩子答案，而是會回答「不知道」，鼓勵他們自己去查；這樣得來的答案會更真實、深入，記得牢牢的。

有人問我這些能力從何而來？

我想，一部分——甚至很大一部分——應該與童年有關。我的學習一直不止在課本中，而是大自然裡；它們一再出了考題，讓我們自由聯想、尋覓答案。

「想像」這個元素便因而進入了腦海之中。我們透過「想像」，得到了課本之外的學問，從中還理得了宇宙的浩瀚、人的渺小，因而不會自滿，而是謙虛。這很接近佛家的真空妙有、道家的虛懷若谷；因為，只有謙卑者才有海納百川的胸懷。

弱水三千，只取一瓢

有錢真好，有閒更好，健康是寶；千萬別要了全世界，然後賠上健康甚至生命，這是不智的啊！

一分之一是一，一分成二則是二分之一，分成三分則為三分之一，我想這個算法很好理解。當一個人必須將才華分別用到三件事情時，他的天分勢必被瓜分，成了三分之一；即使我的才分沒這個人優秀，可是我用了一分之一，仍將比他優秀。我不相信在同一件事上的努力，一分之一的人會輸給三分之一、或者七分之一者。

我稱這樣的理論為「做自己」。只要把握自己最最擅長的一分，人生就會不錯；不要奢望一人分飾三角；那不僅緣木求魚，而且有些痴人作夢了。

我以演講維生多年了，可是仍舊守住一個月平均八至十場的原則，只因我的哲學信仰。我不信人是超人，可以放肆地縱容自己的體力，做比別人多五倍的事；我也不相信錢都該歸屬於我，該是我的才是我的，該是你的就歸於你，何必強求。

讀書或工作賺錢其實沒有那麼困難；最困難的是，我們根本不明白這些努力的背後是為了一種叫做「生活」的東西。

生活很重要，即使擁有高學歷、好收入、名利雙收；可是，不懂得生活，依舊有可能活得像牛、忙得像狗，終日昏昏沉沉。

三十歲未到，身體便可能已亮起了警訊：遠遠看像三十，走近看像四十，講起話來像五十，走路如七十，骨頭很八十，背影還寫了一個斗大的「慘」字……

我們之所以活得不好，多數在「貪」，以為什麼都可以要得到；那是夢想，卻忘了踏實築夢。夢可圓才是「理想」，難圓的叫「幻想」，根本達不到

的則是「妄想」了。

人生本該有兩個相互依存的目的，一是得到你要的，二是享受你所得的；我們的教育太過偏向前者了，我常以「掠奪式教育」稱之。真正的好教育該是分享式的，一些是自己的，一些是他人的。

工作賺錢乃天經地義的事，但如果因為它而賠上了時間及人生，就未必值得了。工作是為了賺得「需要」的錢，而非「想要」的；如果野心、欲望很大，很可能賺了很多、花得更多，最後得不償失，成了一部機器而已。

人生不長，不該為了一件叫做「工作」的事，用掉僅有的一生。八十歲已然高壽，九十則屬長壽，一百當是人瑞，一百二十則近於仙人了；一般人可以活過八十就已不錯。由此看來，一輩子真的不久，倏忽即逝；它該用來享樂，不該只有吃苦。

我便是抱持這種觀點。並非我不用錢或者已夠用了，而是我認為人生不只是工作，我還有很多別的事想做，其中一項是遊山玩水。一般人工作八小時氣力便差不多放盡了，再久一點便會透支；這麼一來，即使賺得很多，也無力享福了。

哈佛大學有位經濟學家指出，人最重要的東西叫做「身價」；根據他的計算，至少值七百萬美金，約有二億四千萬台幣。可是，人的一輩子真可以擁有這麼多嗎？

其實，他指的包括兩部分，一是物質，二是精神；單單物質的價值頂多身價的八分之一，剩下的八分之七則是精神浪漫。

通過這樣的解釋，我完全理解人生的意義了。原來，我們是透過努力賺到了錢，再用錢去交換美好人生；換不到，錢就沒有意義。

工作賺了很多錢，頂多是有錢人；但是，添了健康、快樂、時間與美好生活者，則是富有之人了。

當自己的主人

區分出哪些是我該要、需要和認為重要的，以及哪些是我不該要、不需要和認為不重要的，才能掌握自己的人生、演活自己。

工作對我而言只是橋梁，通往美好生活的桃花源。也許我們不能物質富有，但一定要精神快樂。其實我也明白，錢非萬能，但沒錢萬萬不能；所以，必須讓辛苦得來的錢發揮它的極致效用。

「價格」與「價值」在我看來並不相同。一般人窺見的是價格，只用表面上的方式計較，我們教育所教的思考模式也是價格；可是，人生中最美的是價值，那才是老祖宗設計錢的真正意圖。

五萬元紙鈔就是五萬元，任何人都無疑義；可是，將五萬元變成一百萬元就令人驚訝了。如何辦到的？

在此，五萬元是價格，一百萬元則是指價值，帳面上仍都是五萬元；我與他人最大的不同就是，常常想方設法讓五萬元具有一百萬元的價值。首先，我接受只有五萬元的事實。如果無法接受，想多賺一點，就會把剩餘的時間用來再賺一桶金；如此一來，運用錢的時間也跟著闕如了。但我不同，知道自己的能力暫時只有這麼多了；所以，入夜之後、假期之時，便停頓下來享受自己的生活。

我把辛苦努力而且有點疲憊賺來的錢，用在優雅生活上：全家花一、兩萬元遊歷花蓮三天兩夜，或是花十萬元進駐峇里島；花個一、兩百元喝杯下午茶，來個燭光晚餐歡喜一下，趕走煩憂。

錢在我手上添了魔法，不再只是一個數字，炫耀著我的寶盒裡有多少寶物。錢在我眼中只是生不帶來、死不帶去的東西；只要一直有夠用的十萬元，沒有任何負債，我就心滿意足了。

我的家不是豪宅，家中的畫並非名畫，收藏的骨董民藝品也非價值連城，裝潢不是名貴的華麗風，卻都賞心悅目；花一點小錢，有些獨到的眼光，就可以達到了。

我旅行的地方也非經典旅程，未必得花很多錢；但是，我一定會花一點小錢用來安頓失了魂的心靈，讓它回到身心安頓的地帶。

我還有很多地方想去，有一些夢想圖，比起以前更想賺錢了；有了錢，我很想開辦一間民間學院，取名為「游乾桂書房」，教人如何過美好人生……以上所言仍停留在夢想階段，缺錢中，未必能圓。

我理得清楚「需要」與「想要」的不同。需要的其實不多，大約能填滿肚子就行了；可是，人都想要太多，就活得很累人了。我用禪宗做了區分：「工作時工作，休息時休息，禪也」，它是我的指導原則。白天是我的工作時間，請聘我的人是我的主人；黑夜無人付錢請我，自己才是主人，我利用這段時間來恢復體力、重新調整，明日再出發；黑夜的我，觀星覽月、蟲鳴鳥叫、琴棋書畫。工作時他人付費，我做得努力；休息是我的醫療，非享受不可。周一到周五是忙的，而假日非閒不可。這樣一區分，我的人生便可以舉棋擺譜皆有味了。

書房中的一副對聯，一直是我的座右銘，左聯寫著：「柴米油鹽醬醋茶不可不要」，右聯為：「琴棋書畫詩酒花非要不可」，橫批則是：「活得像人」。

它是我的自勉，也開始用它來勉人。

人只此一生，很多事現在不做，以後鐵定會後悔的。

（本文為演講整理）

賺錢與花錢的新哲學

賺錢，除了賺得實質的經濟報酬之外，更重要的是賺取無形的財富，包括個人與社會資產。自十八世紀工業革命之後，生產力提高，所得大增，但物質資源卻是有限度的；因此，人人皆有必要學習賺錢與花錢的新哲學，才能成為有尊嚴、充實、圓滿的生活者。

⊙柴松林（第一社會福利基金會創辦人）

隨著時代的變遷，使當今社會的所得與消費形態與過去大不相同；舉其大者，或可舉出十二項影響頗鉅的改變。

十二項改變，賺錢與花錢今昔大不同

社會變遷，花的錢也愈來愈多，但能買到的東西愈來愈少；因為，我們所需要的多半不是用金錢買得到的。因此，不論我們賺多少錢仍覺不滿足。

機器提高生產力

公元一七三八年，英國人約翰．凱伊（John Kay）發明紡織機「飛梭號」；從此，機器提昇了人類的生產力。有人指稱機器替代了人力，這是錯的；機器並不能替代人力，它是擴大和增強人類的生產力，創造了富裕的社會。

在尚未發明機器輔助人力之前，人類凡事必得親力親為，日出而作、日落而息，每日平均工作十二小時，並且幾乎全年無休，終年辛勞不已。在如此密集的勞動下，十人的生產力約可養活十二人；但是，一七三八年後逐漸進步到今日，二個人的生產力已經可以養活十個人了。消費水準因而提高，人人有錢花。

餘暇增多

在農業時代，幾乎人人都是農民；無論嚴冬酷暑、颱風下雨，都得下田耕作，辛苦程度之高不難想像。若把工作的勞苦程度劃分為八級，終日賦閒無事為零級，瀕臨過勞死為第八級；那麼，沒有機器輔助的農務勞作是屬於五到七級。如此工時之長、勞苦之高，所需的睡眠和休息時間自然得延長。從前我們把不工作而可自由支配的時間稱為餘暇；在農業時代，人們無餘錢可花；縱使有，也無暇花錢。

但是，現代人的工時愈來愈短、餘暇愈來愈長，辛勞程度也大為降低。以一般上班族來說，舒適地坐在椅子上辦公，屬於一級勞苦；若是長官、客戶蒞臨，得起身應對並擔心失言失禮，屬於二級勞苦。這樣的勞苦程度，實在不需要那麼多的睡眠休息時間來消除疲勞。有人常抱怨睡不好，其實很可能是根本不夠累，不需要睡那麼久，只是沿襲了農業時代的作息所致。工時短，餘暇多，就有時間和能力把工業社會創造的財富花掉。

分工精細

在農業社會，男孩從小跟著父親下田，到十五、六歲已儼然成為一名專業農夫；女孩從小跟著母親學烹飪，十四、五歲已經能夠操持一家三餐；這樣的產業內容十分簡單。工業革命以後，各種中間產業不斷興起，分工更細，生產工具推陳出新，經營模式日新月異。一個世紀前的台灣，不必問人在哪兒高就，因為大家都在種田，都是農夫。時至今日，農民人口只占少數，分布在各行各業的人口增多；有些行業甚至從來沒聽過，根本不懂到底在做什麼。我就有過這樣的經驗。

有一次在火車上，遇到從前的學生向我問好；我問他在哪裡高就？他回答「多媒體綜合」。我沒聽懂，他再進一步解釋：「是集合了聲音、影像、動畫和文字，而且畫面還會跳出來。」「畫面會碰到人嗎？」「不會，但你感覺會。」結果我還是沒搞懂他到底在做些什麼。可見，當今有許多行業別，已經分工到我們聞所未聞了。

養育成本提高

分工愈細，生產工具就愈複雜，所需的知識和技術水準就提高了；為因應知識和技術需求的提昇，就得花更多的時間去學習和準備。台灣的孩子從三歲起就進補習班，要學習多種才藝，然後高中、大學、碩士和博士班一路往上念去。曾有一名我指導過的博士生自認所學不夠，想請我推薦他再做幾年研究。他都三十九歲了，再做幾年研究，何時才能工作呢？但他認為，社會進步太快了，從前的所學已經不敷使用。其實，終其一生，我們的所學永遠都不夠。

學習和準備的時間愈來愈長，就得支付愈多成本。很多年輕夫妻不敢生孩子，不是不喜歡小孩，而是認為養不起。曾有統計指出，一個孩子成長到二十二歲，求學一路順利且上的是公立大學，共要支付一千萬元；而他們畢業後，平均月薪是二萬四千五百元。結算起來，這一生是支出大於收入，這說明了養育下一代的成本愈來愈高。

從前並非如此。從前的孩子，五歲就要能帶弟妹、八歲就要幫人放牛、十二歲就可進城學手藝；這樣的孩子人人養得起。農業社會，平均每對夫妻生

學費
生活費
從前

遊樂
生活費
學費
補習
才藝
現在

下九點六個小孩。吃飯時，小孩沒有座位，他們各自捧著碗筷蹲在門檻或牆角吃；要夾菜時就上前，夾好再回到原位去，大人還要叨念幾句：「你爺爺、爸爸都還沒吃呢，菜都被你夾走了！」那時要養活小孩，只要「多一雙筷子就行了。」可見，從前所養育的下一代雖然賺得少，但支出成本更少。

中產階級形成

中產階級形成後，階級就變成流動狀態了。從前只有二個固定的階級，一是屬於上層的貴族或大地主，他們的階級來自世襲；就像國王過世後太子繼位當國王，地主的兒子則繼承家業繼續當地主。另一是屬於下層的工人及農民；父親死了，兒子便繼續當農夫或工人。當時並沒有中產階級。

現代社會則有中產階級，而且是流動的。首先是水平流動，意即階級差不多但行業不同。我是個教書匠，專長是統計學；這門學問很有用，而我女兒的數理很好，我希望她能繼承我的衣缽。但是，我女兒拒絕了；她說，她思考良久，覺得像我這種人念一輩子書，好像也沒多大出息，所以她另有志向和規畫。現今這個社會，農民的孩子考上高考就能當公務員，工人的孩子經過努力也能成為企業家，企業家經商失敗了可以去開計程車，這就是水平流動。

不僅會水平流動，階級還垂直流動。努力對社會做出貢獻的人，其階級會上升，反之會下降，這樣的社會才能進步得快；因為，人人都有出人頭地的可能，就都會朝目標努力前進，而帶動整體社會的進步。若是階級固定了，人人都不必努力，只是維持原來的階級，這種固定的社會是難以進步的。

工作年限長

以今日的台灣來看，進入就業市場的年齡平均是二十三歲，農業社會則是十二歲就開始工作；雖然晚了許多，但工作時間反而更長。這是因為人類更長壽了，美國甚至取消退休年齡限制；只要健康許可，就能一直工作到終老。這樣的好處是，工作年限長，可以賺回之前的投資支出，還可以將老到的經驗傳承下去。

社會主義抬頭

這項改變尤為重大，即資本主義和社會主義之間的消長。像我這樣出身貧窮人家的孩子，可以一路求學，還能到法國進修，正是因為法國的大學和研究所拜社會主義之賜，完全免學費。這項福利，讓窮人能受到較好的教育、進入較高的產業；此外，失業了也可領救濟金。相對的，資本主義就不管失業與否、不問家境如何，一律收取學費。換句話說，社會主義讓窮人有較多的機會出頭；雖然這個機會仍然不夠平等，有待大家一起努力。

不過，今日的社會主義，早和國父孫中山先生所批判的馬克思主義不同了。現今還保持社會主義原貌的國家，只剩古巴、緬甸和北韓；其他國家的社會主義都受到資本主義影響，允許並鼓勵持有財產制。這個制度雖然極不公平，但可促使大家兢兢業業、努力打拚；若是不問努力與否，大家賺一樣的錢、穿一樣的衣服，所有人大概會偷懶地過日子而不願意努力了。

節約資源

三十年前，若是一個英國人到亞洲殖民地發了大財，回到祖國後，他想買多大的土地都行；於是乎，我們可在歐洲看到很多莊園佔地幾百公頃。但現在可不行了。人們明白資源有限、土地面積有限；因此，不管多有錢都不能耗費有限的資源。韓國制定住宅法，規定都市住宅的土地面積不可超過一百五十坪；在德國，若是開耗油量很高的汽車就會引人側目，原因是太耗油會讓子孫面臨石油危機。

對於衣服，我的主張是：「今年流行去年沒穿壞的。」我老穿同一套西裝，不但一點都不覺得慚愧，反而自豪；因為，我沒有耗用過多資源，而把有限的珍貴資源留給子孫。

戶量縮小

傳統社會的血緣家族並不分家；人們當時認為家庭是自給自足的單位，分家反而會被街坊鄰居瞧不起。要自給自足，就必須有足夠的戶量，亦即家庭人口不能太少。家人生病了，有人要負責照料，有人仍得外出工作，還要有人操持家務，生活秩序不會因為一個人的異動而有太大改變。

今日不同了，台灣平均一戶只有三口人，日本更只有二點六人，中國大陸也只有二點九七人，法國二點四人，全世界的單身戶占百分之二十四。如此少量的家庭人口，如何分工？如何自給自足呢？

由於戶量縮小，在傳統社會中不需要花錢的事，現在就得花錢才辦得成。五十年前，家人要是生病住院，妹妹、嫂嫂、媳婦都來幫忙照顧了；所以醫院會掛出「病人家屬請勿逗留」的告示牌，因為病房裡擠滿了人。如今，卻時有新聞出現死亡多日、經鄰居聞到屍臭味才通知警察的消息。如果家裡還有二點六口人，生病時還可請另一人幫忙送醫，但同樣面臨沒有人手支援照顧病人的問題。我曾在台大醫院碰到一名病患，他因為不斷在手術室外面打手機而被護士制止；他焦急地說：「就要輪到我進手術房了，到現在還沒有一個人過來簽字，更別說是照顧我了。」

這個例子突顯了現在的家庭功能萎縮；自己生病時，竟然連一個簽手術同意書的人都找不到，更何況是照顧自己的親人，只好花錢請看護。於是，雖然現代人的所得比以前的人高出很多，生活卻不見得比較寬裕。身在今日社會，沒錢真是萬萬不能啊！

失業非個人因素

在過去那樣保守的社會，遭老闆解雇是很丟臉的事，甚至不敢向父母、妻子吐實。這種狀況在日本和韓國也一樣。我有一年到日本名古屋，傍晚時分閒逛到中央公園賞櫻花。有三名約莫四、五十歲的男士提著公事包，在我身旁坐下。他們彼此訴苦失業日子難捱；看我一人坐在那兒，就問我是不是也被炒魷魚了？他們都是豐田汽車的員工，「上個禮拜公司解雇了四千人，我們就是其中的三個。」他們說，「家人並不知此事，所以每天依舊帶便當出門。」他們要晃到晚上七點半才會離開，因為以前都是這個時間下班搭車回去的。

和台灣一樣，日本人也認為失業很丟臉；因為，在傳統社會中，失業被認為是個人因素所致，可能是犯錯、做事不力，或者和同事起衝突等才會被解雇，所以是不光彩的事。但是，現在的年輕人失業，他們會到勞委會等相關單位高聲抗議。年輕人失業會站出來抗議，中壯年人卻覺得丟臉，正是因為現在失業未必能歸咎於個人。可能是匯率影響到進出口，可能是他國產品削價競爭，也可能是台灣的勞動成本過高、使得企業出走，所以造成許多人失業；罪不在個人，只能算倒楣罷了。換言之，以前的人只要努力就賺得到錢；現代人天天操勞，也未必保得住飯碗；因為影響條件複雜，不一定可以歸咎於個人因素。

貧富兩極化

目前台灣有二千三百萬人，共七百萬戶；將這七百萬戶分成十等，最高等的所得總額是最低等所得總額的一百倍。然而，所得最高等者卻很少繳稅，因為他們是被獎勵的產業階層。所得最低的是領救濟金的階層，所得第二到第四低的階層則尚未達到繳稅標準。因此，政府每年達兩兆元的龐大預算，都是由中產階級負擔；亦即，台灣的綜合所得稅中，有五分之四是薪水階級所繳交的。

薪水階級要維持政府的龐大支出，於是產生「中產階級消滅」和「新貧階級」這兩個新名詞。

達到繳稅起徵點的人，便已經屬於中產階級；在以往，他們只要努力賺錢就能改善生活。從民國四十二年起到十一年前，這個階級的所得每年都提高；但是，近十年來，他們的真實所得卻減少了，這就叫「中產階級消滅」。中產階級忙了半天還是窮，但又和領救濟金的階級不同，就叫「新貧階級」。

說穿了，這些人其實是倒楣鬼；他們變窮，是由於國家的制度、政策、發展方向錯誤所致，讓原本有機會改善生活的人不得改善，甚至愈努力愈窮，成了窮忙一族。

需求層次上升

在從前貧窮落後的時代，花錢只為滿足最基本層次的需求，也就是生理需求，餓了吃飽、冷了添件衣裳，都是為了本能上的需要而花錢。當所得提高，教育程度慢慢提高，欲望也隨之上升，變成要自我實現、追求生命更進一層的意義，不僅是吃飯穿衣過活而已，還要透過努力享受到人生樂趣。而人生樂趣不僅是物質上的滿足，而是感受到被社會需要，自認是有用之人。

因此，當社會愈來愈進步，我們花的錢愈來愈多，但能買得到的東西愈來愈少，因為我們所需要的東西都不是用金錢買得到的。所以，不論我們賺多少錢仍覺不滿足；這跟五十年前，能買件西裝就很了不起的社會環境大大不同。

有形的所得是基本，無形的所得更重要

我認為醫生是無形所得最低的工作；因為，其工作範圍就是一個小診間，整天面對的都是愁眉苦臉的人，醫院的空氣中還充滿了數不盡的病菌……

說賺錢顯得俗氣，那就稱「所得」吧！所得有很多種，總歸可分成「有形所得」和「無形所得」。

有形所得

舉凡薪資、分紅、制服和配車等，在經濟制度下，這些眼睛看得見、憑智慧或勞力所換取的實質財務報酬，稱為「有形所得」，我們可藉此換取生活所需。

然而，它未必是最重要的；我們真正要重視的是「無形所得」。

無形所得

．自我成長

幾年前我在新竹教書，有位剛從國外拿到博士學位的年輕人，透過友人介紹想當我的研究助理。在台灣，研究助理的月薪不過兩萬七千元；這位拿到名校博士學位的人，為何想做這種低薪的工作呢？因為，在當今的學術界，若是當過某些名師的研究助理兩年，將來謀取高就的機會便大增。換句話說，這位新科博士是把成長機會當作所得。

．發展機會

在我還是學生的時代，一般來說，畢業後的出路很少；因為當時民間企業並不多，學理工的第一志願就是電力公司，學法商的第一志願則是台灣銀行。但是，當時有一個機構叫「救國團」，是前兩者之外非常熱門的出路。事實上，在救國團工作非常辛苦，既要上山下海，大家放假時它從不放假；但年輕人仍趨之若鶩，原因是它有良好的發展機會。

・地位和權力

很多高官並沒有很高的實質薪水，但他們的實際所得還是高；因為官邸、配車等各項支出由公家買單，不必自掏腰包。權力大的人所得更高；但是，只要一個錯誤決策，就是全民買單。重要的是地位和權力，可以使個人的理想抱負得到實踐的機會。

・安全無虞

工作環境安全，工作內容不具危險性，不必付出生命代價，自然就是高所得的工作。

・環境優美

我認為，台灣現今最棒的工作是國家公園解說員；因為環境優美、空氣清新，眼見的都是快快樂樂出遊的人。此外，像是故宮、歷史博物館的解說員，能看到世界各國的藝術品與文物，獲得感官及知性上的享受，也是一種高所得。

反之，我認為醫生是所得最低的工作；工作範圍就是一個小診間，整天面對的都是愁眉苦臉的人，醫院的空氣中還充滿了數不盡的病菌。好不容易經過三十年歷練熬成了名醫，那就更可憐了；因為，大排長龍、甚或想方設法硬是前來求診的人，大都病入膏肓了，想想看還有比這個職業更差的嗎？工作環境其實也算是所得的一部分。

・生活保障

台灣的高考錄取率只有百分之一左右；大家硬要擠這道窄門，就是因為這個工作比較有保障，不會碰到公司要遷廠或倒閉。

・實現理想

我的收入來源主要是稿酬；我必須感恩我的手還能動，還能寫文章賺錢。我在戒嚴時期就推動各種社會運動，並且是全台灣第一個推動環境保護的人。四十年前，當我第一次提出「環境保護」這個名詞時，就遭到國家安全局

的約談，說我破壞經濟發展。

多年來我不斷振筆疾呼，總算讓大家慢慢接受環保的概念；但我也花光了寫文章所賺得的錢，甚至連好友的口袋都被我掏光了，因為我每天都向他們募款去推動各種社會運動。儘管如此，我仍認為我的所得很高，因為我的所做所為都在實踐我的理想。

決定所得高低的因素

運用智慧發明創造、為公眾克盡職責、以及從事具有高危險性的工作，通常應得到高所得。

一個國家社會若是健康而正常，沒有官商勾結、貪汙舞弊、裙帶關係等不法賺錢管道，則所得的高低，還是有其原則的。

智慧

有智慧能發明創造，把垃圾變黃金，增進人類福祉，這種人的所得一定高；他的所得來自對人類的貢獻，並能贏得尊敬。當今世界首富比爾・蓋茲，哈佛大學沒畢業就休學而創辦了微軟公司。

在日本，個人所得排行榜第一名連續三年都是作家，所寫的小說還未上市就預購了半數，一上市二百萬冊銷售一空；加上沒有盜版威脅，一年出八本書，所得便躍居第一。

責任

在亞洲，公務員待遇最高的地區是新加坡和香港；他們都十分負責任，絕不會有推諉情事或官僚作風；若遭人檢舉被證實，就得立即下台。在日本，個人所得排行第五、六、七名的，都是日本的大臣，他們也都必須克盡職責。

危險

危險性高的工作所得也高。

曾有位計程車司機向我抱怨，運氣好的話，他一個月能賺三萬五，運氣不好連三萬都不到；因為汽油價格一直漲，加上捷運的便利，大家都不搭計程車了。

七四七班機的正駕駛，月薪則高達五十萬左右。但別羨慕，能熬到正駕駛，都已經四、五十歲了，還得通過嚴格的健康標準。飛行過程中若有意外，幾乎必死無疑；若是倖存，他也難逃牢獄之災，因為恐怕得負起人為疏失的罪責。

還有一種駕駛的收入更高，就是試飛飛行員。當新型飛機發明出來後，總得有人去試試能不能起飛、飛起來後能不能飛回來，等於是以性命去測試飛機可能的危險狀況。試飛一小時便可賺進五百萬，問題是敢不敢賺？

有形的財富之餘，還要賺得無形的財富

社會資產是最重要的無形財富；一個國家非常適合居住，才能堪稱富裕之國。

你所賺得的，便是你的財富。財富也可分為有形和無形的。

有形的財富

有形的財富如銀行存款、股票、保單等貨幣形式，能夠容易地兌換成現金使用；也包括古董和藝術品、房子和土地等。一般我們所稱的有錢人，就是指這類有許多有形財富的人。

無形的財富

・健康

有位已過世的台灣首富，人生的最後十年幾乎全在病榻上度過，偶爾下床還得靠人攙扶；因此，他雖擁有全台灣最龐大的財產，卻一塊錢也無法享用。我雖然一輩子都是教書匠，沒賺多少錢，還得辛苦地讀書和工作；但我身體健康，愛到哪就到哪，有多少錢就花多少錢，實質上就比這位首富富有多了。

・知識

被譽為二十世紀最偉大、最有貢獻的人物，就是提出「相對論」的愛因斯坦，他並沒有很多有形財富。但是，卻有多所美國頂尖學府競相爭取愛因斯坦前往任教，還得由他挑肥撿瘦——不想跟一般人工作，就進入高等研究所；不想每天與人招呼聊天，就進入獨棟的研究室。如此禮遇，就因為他是知識豐富的愛因斯坦；而一般人只是想到美國，都得先通過重重的規定和限制。

・聲望

聲望看不見也摸不著，但是卻對社會大眾具有廣泛的影響力；很多投資或活動，只要有高聲望的人登高一呼，就能一呼百諾。台灣籌建高鐵之初，沒人要投資；於是找上經營之神王永慶，無非想藉他的聲望帶來拋磚引玉之效。

・友誼

朋友就是財富。有一年我到國外演講，出門時沒帶什麼錢，太太特別交代別把信用卡刷爆了。結果回國時，我不但沒刷半次卡，還帶了錢回來；因為，不管去哪裡都有人接送、安排吃飯，邀請單位還給我演講費，所以我還賺了錢回來。「在家靠父母，出外靠朋友」，這就是有朋友的好處。

・家庭和睦

正所謂「家和萬事興」，家庭和睦更勝於億萬家產。新聞也不時有豪門恩怨上演，擁有好幾億身價的富豪，未必買得到家庭和睦。

・安全感

位高權重或富可敵國的人，身邊一定被隨扈和保鑣團團圍住；也不敢和異性朋友單獨會面，怕被狗仔跟拍。這種既沒安全感又沒自由的人，真是窮得可憐。

・社會資產

社會資產是最重要的無形財富；一個國家非常適合人居住，才能堪稱富裕之國。英國的《經濟學人》雜誌曾評價全世界最適合人居住的國家，連續三年的榜首都是愛爾蘭。愛爾蘭其實既不強也不富，但這個國家講求社會倫理，注重家庭道德，國民生活得輕鬆快樂。

完善的公共設施、便捷的大眾運輸系統、廣大的公園綠地、良好的基礎建設、豐富的文化資產、普及的教育水準和有效率的政府，都是成就富國的條件。反觀台灣，從前住在社子及汐止的人，每年都得受淹水之苦；颱風過後，又是土石流和斷橋意外；大學供過於求，以致招生不足，畢業後還得出國留學才有機會出人頭地……凡此種種，都非富國的表現。

治安更是一大指標。很多人家裡裝了鐵窗，未必防得了小偷，倒是失火時困住了自己的逃生之路。此外，人權必須受到保障，女性和少數族群不被歧視。經濟要公道和穩定，否則所得都被通貨膨脹吃掉了。最後還要有完備的社會安全制度，讓年老者即使沒錢或生病了，也能安然地度過晚年。

傳統消費行為謹守簡約，現代消費主義結合社會運動

現代人的消費行為重視環境保護、人權運動、婦女運動、保護弱勢等原則，還要以平等主義對待他人，反對一切戰爭，所以消費也跟和平運動相結合。

有了錢自然要花錢，花錢就是消費。花錢可以買到什麼呢？可以買到安全；在落後的社會，還能買到尊重。許多女性愛買名牌包，其實名牌包並不會帶來幸福快樂，只會增加危險性、容易被搶，為何女性還是愛死名牌包？因

為，在落後的社會，人們認為名牌包代表有錢，有錢表示有能力，有能力則贏得尊敬。

傳統消費行為

傳統消費行為都遵守簡約和樸實原則。一、只買必需品：不用的就不買。二、考慮替代性：有其他物品可替代則不買。三、功能性高：選擇具備多種用途的產品。四、適合性：符合使用者身分和使用場合。五、方便性：用壞了還可再修理使用，或移作其他用途。六、差別性：除非優於現有產品，否則不採購新品。七、珍貴性：會珍惜使用，捨不得丟棄。八、美感性：即賞心悅目。

現代消費主義

受到多重社會運動的影響，現代人的消費行為重視並結合環境保護、人權運動、婦女運動、保護弱勢等原則，還要以平等主義對待他人，反對一切戰爭，所以消費也跟和平運動相結合。換言之，現代人從事消費，不再只是把錢花出去，而要進行綜合性的考慮。

於是，一九六〇年，美國、英國、荷蘭、澳大利亞和比利時共同發起成立「國際消費者聯盟組織」（International Organization of Consumers Unions, IOCU），一九九五年改名為「國際消費者聯盟」（Consumers International, CI），至今已有一百多個國家和地區的二百二十餘個消費者組織加入了該聯盟。一九九一年，他們通過了「綠色消費主義」決議案，要求全球消費者一體奉行，是現代人消費的最高指導原則。其主要內容有六項：

- **減量消費**

能不買就不買，以減少購買量。一般我們購買衣服時，只要不貴、好穿和美觀就買下了；但綠色消費主義的主張是先問：一定要買嗎？能不能不買？人類最基本、最優先的原則是生存，即生命維持原則；換句話說，在購買之前先自問：不買會死嗎？若不會則不買。

根據此項原則，我已經連續十一年沒有買過新衣服了，因為已有的衣服總穿不壞。

•多次使用

所購買的物品一定要耐用，不能用一兩次就報廢了；所以，請大家不要用紙杯這類用完即丟的產品。這類產品表面看似便宜，但是採買多了，反而花更多錢。

女士們尤其要注意，千萬別上市場買菜就順便帶件衣服回來，等公車時打發時間又帶了一件；要去喝喜酒時才發現衣櫥裡幾十件衣服竟沒有一件適合的，於是又買。選購衣服應以合身舒適、天天能穿為最高原則，如此將價格除以穿著的總時數，算起來才是真正的便宜。

・循環再生

物品用壞了，可以變成原料回收再利用。若是用完後會變成無法處理的垃圾，就千萬不要買它，否則將來只會遺害子孫。

・符合經濟性

就是要體積小、不占空間；因為房價太貴了，收納空間得付出成本。以台北市來說，便宜的房子一坪數十萬，買個一千元的東西占半坪空間堆放，等於花十幾萬買下它，真是划不來。此外，原料要清潔，製程不遭到汙染；不吃烹調時間長的菜，能生吃的就不熟食，盡可能節約能源。

・符合生態主義

所消費的產品要不會造成汙染、破壞環境、沒有公害；若消費的是動植物，還要注意不致於導致物種滅絕。所以，請大家不要吃魚翅；魚翅就是鯊魚的鰭，沒有了鰭的鯊魚還能活嗎？也不要認為燒沉香才能表示對神佛的敬意。

回收

沉香是一種非常高貴的香木，採集者必須深入濃密的熱帶雨林中，才很難得發現一兩株，目前可是第一號的保育植物。

• 尊重平等原則

對人要平等，要保障人權，不歧視任何個人或民族。若是一個國家歧視婦女、欺負少數民族、詆毀不認同的宗教，我們就要抵制他們的產品，讓他不改革制度就無法生存下去；對一家公司或工廠也是如此。我們要的是一個平等的社會，不要有任何的歧視。

不僅對人要平等，對待萬物都要平等。上帝造物，絕不會只獨厚某些物種，讓他們去消滅其他物種；生物的多樣性就和文化的多樣性同樣可貴。今日有很多人心胸褊狹，總說這是本土的、那是外來的；如果非本土的不用，那很多活動都無法進行。像是演講便得停止，因為麥克風不是台灣人發明的；電燈也得關了，因為發現電的富蘭克林和發明電燈的愛迪生都不是台灣人。其實，我們應該感謝這些外國人的貢獻，我們才能享受今日的便利啊！

也同樣要感謝文化的多樣性豐富了我們的生活。德國的柏林愛樂管弦樂團來台灣演出時，多少樂迷如痴如醉；他們的首席指揮西蒙・拉圖（Simon Rattle）還是英國人呢！若是非台灣本土的不用、不看、不聽，我們將變得貧乏。我們多麼幸運能夠生長在一個可以平等對待所有物種、尊重多樣文化的時代，我們的生命才能如此豐富。

不僅對待人，對待萬物都要平等和仁慈。十九世紀初的德國哲學家叔本華（Arthur Schopenhauer）說，一個人若對待動物是殘忍的，這種人對待人一定是不仁慈的。我們觀察一個人的人品，從他對待動物的態度便能窺知；他若常不屑地用腳踢狗、用石頭砸貓，老愛吃活魚三吃和活跳蝦，就很可能有暴力傾向。印度國父甘地（Mohandas K. Gandhi）的道德十分崇高；他在自傳中也提到，我們從一個人對待眾生的態度，就能窺知其人品的高下；從一個民族對待眾生的政策，就能窺知此民族能不能建立一個偉大的國家。

我們一直想建立一個偉大的國家，能不能呢？請大家心平氣和、拋棄政治立場，看看我們的同胞對待眾生的態度，就不難得知了。

生產是手段，目的在於滿足消費者的願望；保護消費者也是手段，目的在於讓人們在消費過程中安全而健康、不傷害其它物種，使人人成為有尊嚴、充實、圓滿的生活者，即日本人所謂的「人格者」。這樣，我們臨終時就可以安慰地說：「我這一生盡力而為，沒有虛度了。」

（本文為演講整理）

同心共感，充實人生——一個醫者的自省

每當年輕的醫學生問我，三十多年的行醫生涯裡最重要的心得是什麼？我總會回答：「我開始知道『說病人聽得懂的話』有多麼重要。」在台灣，醫病關係向來不平等，我們必須重新改善醫病關係，認清病人是人、醫生也是人，以建立正確的醫療觀念——醫師不止治病，根本是要治人。

⊙賴其萬（和信治癌中心醫院醫學教育講座教授）

長期以來，台灣的醫病關係處於十分對立的局面。當社會形成一窩蜂潮流時，大眾往往身陷歧途而不自知或無力扭轉；此時，身為知識分子的我們，就要有道德勇氣站出來發出不同的聲音以導正視聽。有感於此，我個人非常願意就本身學醫、從醫多年的經驗做一番自省，重新檢視醫病兩造究竟應該如何共處，從目前的緊張對立關係，走出一條更為健全和善的共存共榮之道。

從事醫學教育工作，我常和年輕醫師們分享心得，希望教導他們學會「Empathy」。此字一般翻譯成「同理心」，我則認為「將心比心」更能表達出箇中意味。但有一天，我聽到國立陽明大學一位蔡教授將它翻譯成「同心共感」，亦即以我們的心去理解病人的感覺，進而產生同樣的感受；我認為這樣的翻譯非常傳神。以這樣的「同心共感」心情去回顧我的行醫生涯，覺得自己的人生過得非常充實。

對於病人的尊重

如果教出來的醫學生聰明有餘但態度不佳時，他對病人的傷害，可能遠遠大於不很聰明但態度良好的醫生。

一九六二年，我進入台大醫學院就讀；服完兵役後，便在台大醫院當住院醫師；升上主治醫師一年後，我便出國深造了。在台灣這段當醫學生和醫師的歲月裡，我強烈地感受到醫病關係的不平等。我認為，問題不在於醫師跋扈或醫院蠻橫，也並非病患老處於受壓迫的劣勢；而是，當醫師和病患首次見面時，就是處在不平等的場合。

試想，我們在一般社交場合上碰面，寒暄、握手、交換名片等，互動關係屬於平起平坐。但是，病患第一次與醫師會面時多半有病在身，甚至生死交關；病患有求於醫師，而醫師是好整以暇地提供幫助；從一開始，病人的立場就矮了半截。此外，醫師和病人所面臨的是一個非常不確定的狀況。例如，醫生不知道這個病開刀後會如何，必須告知病人所有可能的風險性；開了藥，也不知病人吃了會不會過敏……很多不確定由此產生。再者，病人為了確保醫療的最大安全性，會告知醫師可能連家人都不知道的祕密；但病人根本不認識醫師，就必須對這麼一個陌生人吐露祕密，會有何等的壓力啊！因此，醫病關係從建立的那一刻起，就是處在緊張且不平等的狀態。

一九七五至七八年，我到美國明尼蘇達大學神經科從住院醫師做起。這段期間，我深深領會到，東西文化在對待病人的態度上真有天壤之別，進而學習到對待病人應有的尊重。

我的老師貝克教授（Dr. A. B. Baker）是國際聞名的神經學學者，時任明尼蘇達大學醫院的神經科主任，我常隨之見習。有一次，他在為一名坐骨神經痛的女病人做檢查時，要護士小姐先拿來一條小毛巾，然後他把小毛巾放在女病患的兩大腿之間。原來，他考慮到，將病人大腿舉高時，有可能會暴露病人的隱私部位；因此，他先用毛巾蓋在兩大腿之間，病人就不會感到尷尬與不安。

此情此景讓我深受震撼。我在台灣當了那麼多年醫師，檢查過無數個坐骨神經痛的病人，但我從來沒有做過這個動作，老師卻做得那樣理所當然；更令我驚奇的是，當時有很多位住院醫師和醫學生在場，大家都不認為這是什麼不尋常的事。這件事讓我體認到，東西方醫病文化的不同，首在於他們對病人的尊重。

離開明尼蘇達大學後，我到堪薩斯大學醫學院神經科，一路從助理教授、副教授升到教授。開始為人師表之後，我深深領會到，臨床醫學教育除了教導學生知識和技巧之外，更重要的是態度；因為我發現，如果教出來的學生聰明有餘但態度不佳時，他對病人的傷害，可能遠遠大於不很聰明但態度良好的醫生。

發願改善醫病關係

我覺得自己更像是一名傳教士，希望能夠影響醫界及一般大眾。醫師不應該躲在象牙塔裡，而要走出來多與社會大眾溝通，才能改善大眾對醫病關係的偏見。

一九九八年我回到台灣。讓我耿耿於懷、決定回來的原因有二；首先，是我父親年事已高。九三年母親過世後，父親一直鬱鬱寡歡；是年，大哥就從美國回台灣陪伴父親。我始終覺得，自己留在美國似乎不很應該。而且，在美國這些年，雖然病人、同事和鄰居們都對我很好，仍難免感到寂寞，無論再怎麼努力，總得不到歸屬感；尤其當很多事件發生時，更讓我覺得該回到我出生的這塊土地。

另一個原因是對於台灣醫學教育的關心。一九九六年，有一位我過去訓練的學生升上了副教授，請我去他們大學演講。演講完後，通常都是被招待去參觀辦公室、研究室等，但這位醫師力邀我去看他的診所；到了那裡才知道，原來他是要我看一張掛在牆上的大幅照片，照片裡的人就是我。他表示，我對他的影響很大；當他的病人向他致謝時，他總是說：「你應該向賴博士致謝才是，是他改變了我。」

這位醫師原來是個桀驁不馴的人，非常有主見，難與人溝通；往往教授說什麼，他會不認同，自己另搞一套。第一年當住院醫師時，就有很多人希望把他撤換掉；但我覺得這個年輕人相當聰明，就花了兩年、用盡心思地改變他的態度。後來，他終於成為最好的住院醫師；不但對病人非常好，同事們也都喜歡他。他對我說，「如果不是你改變了我，我現在真的不知道在做些什麼。」

我回到家後馬上寫信給父親，對他說了此事，並說：「如果這名年輕人是台灣人，那該有多好！如果他所照顧的人都是台灣人，那該有多好！」我的心恨不得飛回台灣來。

一九九七年進行身體檢查時，發現我的胰臟長了不明物，我對此仍記憶猶新。當時躺在超音波檢查室裡，教授看完檢查報告後，馬上進來拍拍我的肩膀，表示必須換一個姿勢檢查；然後，這名教授一邊檢查一邊解說我身上的「異狀」……我愈聽心情愈沉重。胰臟癌是最棘手的癌症之一，因為它的治療反應不是太好，而且晚期會相當疼痛。這個震撼讓我不禁覺得，早知如此，我早該回台灣了。所幸，最後的檢查報告是一切正常。我和太太高興極了，便於隔年回到台灣。

回來台灣後，我花了三年時間投入慈濟大學醫學院的行政工作，並在慈濟醫院看診。由於我所開的是教學門診，一個早上只看六、七個病人；在徵得病人同意下，會一邊看病、一邊與醫學生討論病情。有一次，一位在外面候診的病人大聲叫囂：「裡面的醫生大概不會看病啦，所以看這麼慢！」神經科因為需要更仔細的檢查，所以看診速度會比較慢，我每次初診都會花四十分鐘。輪到這位老兄看病時，經過同樣詳細的檢查及解說後，他顯得意猶未盡；不但說些阿諛之詞，還兼問了他母親和太太的問題，希望能順便幫他們拿藥。

這種人在別人看病時不耐煩，輪到自己時卻不顧其他候診病人的權益，正是缺乏公德心的表現；類似這樣的例子實在太多了。要改善這種醫病問題，決不能只要求醫或病的一方；就像進行婚姻治療時，不能只治療先生或太太單方面一樣，而是要針對雙方共同改善。

我回來台灣的主因是為陪伴父親。在這三年間，父親的聽力急轉直下，我們不可能再透過電話聯絡；我遠在花蓮，很難盡到陪伴的孝心。於是，我引用證嚴上人的靜思語「行孝不能等」向上人辭別。

回到台北，我到和信治癌中心醫院任職，並擔任「黃達夫醫學教育促進基金會」的講座教授和教育部醫教會執行祕書，從事醫學教改工作，同時還參與醫學院與醫院評鑑，在各醫學院校之間訪問、上課、演講，也在各教學醫院教學回診。這段期間，我益發覺得自己更像是一名傳教士，希望能夠影響醫界以及大眾。既然明白醫病關係並非單靠醫生一方就能改善，醫師就不應該躲在象牙塔裡，而必須多與社會大眾溝通，才能改善大眾對醫病關係的認知。

永遠可以為病人做更多

醫師對病患的幫助不只在於治病，病人也在乎是否能夠得到關心。所以，醫生沒有理由聳聳肩地說「能做的都做了」；事實上，我們還可以提供更多協助。

有一位罹患惡性腦瘤的女患者，開過兩次刀，放射線治療已經做到底了，類固醇劑量也用到了最高量；我覺得我該盡的努力全盡了，就算她再來看診也沒有特別的幫助。因這位患者每到醫院一趟要花一個多小時，我把病情評估告訴她後，請她不必再長途跋涉，在住家附近就醫即可，若有問題我可用電話幫忙。她說：「我不要你告訴我我會死，我只要你答應我你還願意定期在門診看我。」在此情形下，相信沒有人會拒絕。

就這樣，每週二下午的門診，她都是掛最後一號。我看完診後就跟她閒聊一會兒，但有時也未必真有話可談，只是互相笑一笑，這時她通常會說：「你看起來很累，那我們今天就到這裡好了。」這種感覺其實很怪。她還說，不管刮大風下大雨，她都一定會來；哪天若是沒來，就是不在人世了。

這位病患的男友對她不離不棄，每次都陪她來門診。有一天，我看完診後打開門，並不見她的蹤影，心裡便有數了。幾個月後的某一天，這位男友來到診間，拿出一本日記，說是女友生所寫的。看過日記的那晚，我徹夜難眠；透過她的日記，我才體認到，明明不覺得自己有特別做什麼，卻能對病人產生偌大的影響；醫師對病患的幫助不僅限於治病，病人還在乎能否得到關心。所以，醫師沒有理由聳聳肩說「我能做的都做了」；事實上，我們還能提供更多協助。

有「安寧療護服務之母」榮銜的英國醫師西西里．桑德絲（Dame Cicely Saunders），可說是全世界第一位從事臨終關懷的醫師。她出身富裕之家，從小養尊處優，卻一點都不耽溺權勢，反而熱心於幫助弱勢、回饋社會的工作。她的故事有些類似南丁格爾，先念了護校；後來因照顧病人時弄傷了腰，而不能再當護士。但因為喜歡助人，就改念社工，之後便一心投入照顧癌末病人的工作。

進到臨終關懷領域，桑德絲開始對醫生感到不滿。她發現很多病人痛苦不堪，便向醫生要求多給病人嗎啡以減輕他們的痛苦；但醫生拒絕了，理由是怕病人上癮。桑德絲為此常與醫師爭吵；她認為，病人都快死了，還怕他們上什麼癮？最後，吵到無可奈何，她乾脆自己跑去劍橋大學念醫科。那年她已經三十三歲了。

口試時，桑德絲被刷了下來，原因是她年紀太大了。在英國，讀醫科是公費；國家不願培養年紀大的人，以免工作幾年就要退休。她很不以為然，因為家裡有權有勢，就前去跟校方理論，申明只要有能力和心力且資格符合，就不能以年紀為由拒絕她。好說歹說後，她如願進入就讀；考上醫師執照後，就回到原來的醫院重拾照顧臨終病人的工作。

她說自己對待每位病人，都像一位裁縫師般，為他們量身打造醫療照護。例如，若給病人六十毫克嗎啡會讓他昏睡，等他醒來下次再喊疼時，就給他五十毫克；若是五十毫克只能撐四小時，四小時後便喊痛，就改為每三個小時給五十毫克。

這樣量身打造的悉心照護，贏得很多病人的感激，讓他們在臨終前兩、三個星期，能度過一段沒有痛苦的人生。

此外，很多癌末病人希望最後時日能在家中度過；所以，桑德絲主張讓病人儘早出院回家。但是，又有很多家屬表明無法分身照顧，她便提議進行居家關懷，這個制度就是由她所建立。後來她又想到，把病人留在家裡，無異是綁住了家人的生活；於是，她又招募一群護士和志工到病患家裡陪伴，讓家屬能出去透透氣、從事自己的活動。

她就是這樣給予病人全人的照顧，連病入膏肓者也不放棄。她有一句至理名言：「你是重要的，因為你是你；即使活到最後一刻，你仍然是那麼重要。我們會盡一切努力，幫助你安然逝去；但也會盡一切努力，讓你活到最後一刻。」

桑德絲還說：「我們永遠可以找到很多可以幫助病人的地方。」她的種種觀念和做法，開拓了我的思想和視野。我們的人生就是這樣，隨時可能得到別人的啟發；當我們的心處在相同的頻率時，只要一交會，便能立即產生火花和共鳴。

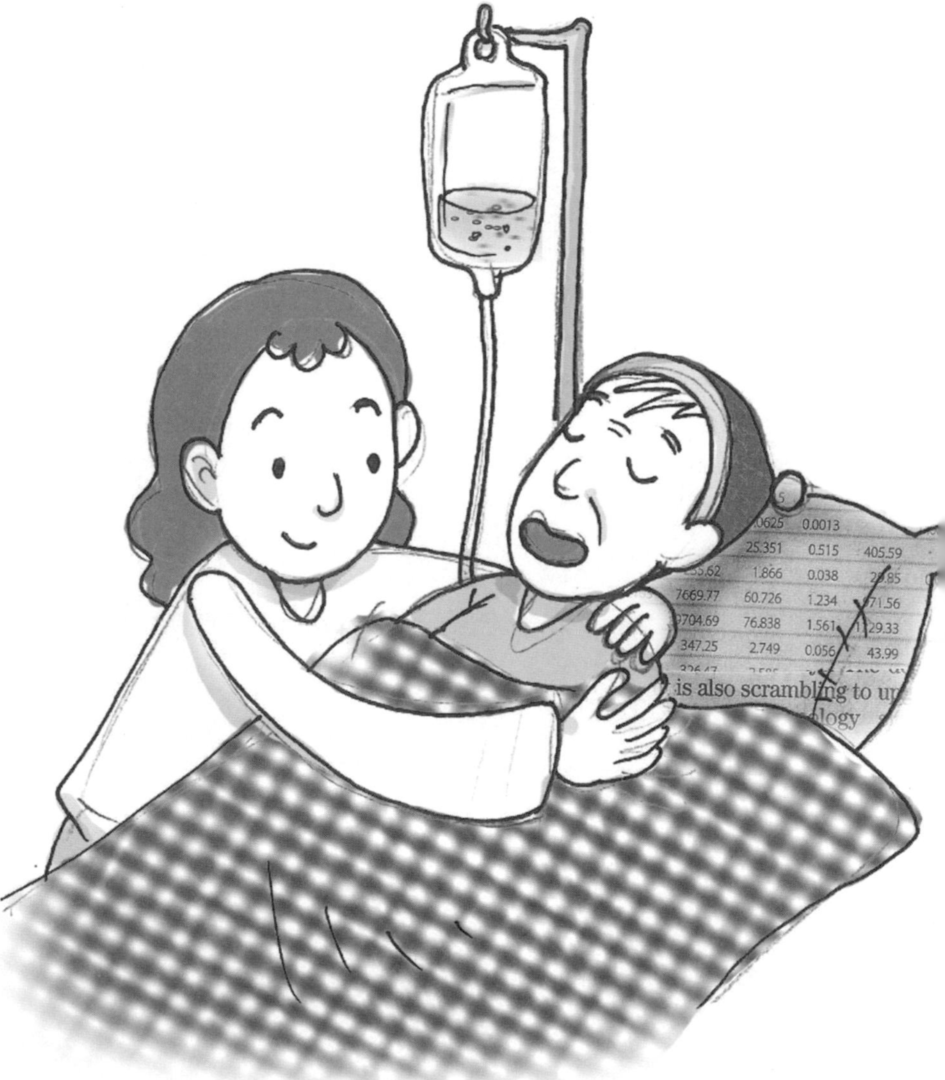
0.0013
25.351 0.515 405.59
1.866 0.038
7669.77 60.726 1.234
9704.69 76.838 1.561
347.25 2.749 0.056 43.99
is also scrambling to

澄清對癲癇的誤解

要成為一位癲癇科醫生，就不能只躲在門診間或研究室裡；必須走出象牙塔，改變社會對癲癇的誤解和歧視。

癲癇這個疾病，啟發了我相當多對人生的思考。癲癇是一種來自大腦突發性不正常放電所引起的神經科疾患；發病時，病人會跌倒在地並全身抽搐，臉部發黑、口吐白沫，類似喃喃自語地發出聲音，甚至尿失禁，看起來滿可怕的。若坐在你身旁的人突然癲癇發作，你大概會認為他是不是快死了，接下來就覺得可憎又可怕；因此，有人會把這種病患當成鬼魂附身，避之唯恐不及。

有位來自北非突尼西亞的醫師告訴我，在他們的國家，癲癇患者的自殺率相當高，因為民眾都極度畏懼這種病人；看到的話，必須馬上吐口水「驅魔」；於是，當病人發病後醒來，會發現全身都是口水，沒有人理會他。這是一種不幸被大眾所誤會的疾病；雖然目前醫學這樣發達，但在很多落後社會，這種疾病還是受到相當的歧視。

有些癲癇病人發病時未必會暈倒，而是會突然發呆，或者做些無意義或正常人認為不該發生的行為。一九九六年，我在美國華盛頓特區的地下鐵，就遇到一位這種典型的病人。當時，他的旁邊剛好坐著一名妙齡女子，他發病時就在女子身上到處亂摸；大家以為他是心理變態狂，就合力把他揍了一頓後扭送警局，他後來還被判刑。

這位病患拿出他所服用的癲癇藥，要證明他的所作所為是癲癇發作所致；但法官並不採信他的說詞，就自以為是地判他刑。後來，我們這群從事癲癇治療的醫師們連署為他申訴；終於，他在最後得以被判無罪。可見，即使在美國這樣先進的國家，仍有許多人因對癲癇認識不足而產生誤解。

在美國時，我對癲癇病患做過一次問卷，問他們人生的最大願望是什麼？

我們原以為最大的願望應該是「不再發作」，但結果是：

「希望不會被別人看不起。」

「希望有一天我會不怕別人知道我有癲癇。」

「希望吃的藥沒有副作用。」

「希望有一天不再需要每天吃藥。」

「希望拿到駕駛執照。」

「希望能夠結婚生子。」

然而，這些希望都不能靠醫師開藥治病而達成。我常以這個問卷結果告訴學生們，要成為一位癲癇科醫生，就不能只躲在門診間或研究室裡；必須走出象牙塔，改變社會對癲癇的誤解和歧視。

一九八八年，我到中國大陸河南醫科大學當訪問教授時，曾在鄭州市與淮陽縣兩個地方，針對當地居民對癲癇的認識進行一次調查；一九九二年，我與

問題 / 調查時間與地區	「你以為癲癇是一種精神病嗎？」回答「是的」的比例	「你以為癲癇是否因為遺傳而來？」回答「是的」的比例	「你反對你的子女與癲癇病人結婚嗎？」回答「是的」的比例
一九七九年美國蓋洛普民意測驗	3%	9%	18%
一九八八年於中國大陸河南鄭州、淮陽的調查	16%	17%	87%
一九九二年鍾明耀台灣醫師等在台北與金山的調查	7%	28%	72%

台大醫院鍾明耀醫師也在台灣做了類似的調查。其結果與美國比較如上表。

由調查結果我們可以看到，太平洋兩岸的觀點竟然相差這麼多！這樣的結果教人十分痛心。為何我們的社會對其他腦疾如中風、癱瘓、偏頭痛、腦瘤等都沒有偏見，而只對癲癇病如此不能接受？為何我們對癲癇病人會有比西方人更深的歧視與偏見呢？

台灣俗稱癲癇為「羊暈」、「豬母癲」，在中國則俗稱「羊癲瘋」。癲癇怎麼會和羊、豬等牲畜扯上關係呢？

我遍查資料後發現，唐代孫思邈的《千金要方》裡提到「六畜癲症候」，就是依癲癇病患發作時所發出的聲音與動作，將癲癇分成羊癲、馬癲、豬癲、牛癲、雞癲、狗癲等六類；這是完全沒有科學根據的說法。

中國社會對動物並不友善，會罵人「禽獸不如」；當我們把疾病與動物扯上邊，無形中就有貶抑之意。然而，從一九八三年開始，我用閉路電視觀察癲癇病人的各種不同發病狀況，從沒有一種狀況讓我連想到羊、馬、豬等動物。這真是誤會大了！我想，歧視的來源應與孫思邈的分類有關，千百年來深深地影響了我們對癲癇病患的誤解。

勇於批判錯誤觀念

我們不能容許一個錯誤的觀念在社會上傳播，不能縱容媒體以訛傳訛，一定要有道德勇氣舉發錯誤。

反觀，為何美國對癲癇的態度就比我們要友善得多？「美國癲癇基金會」（Epilepsy Foundation of America）的標誌是一把火燄，意義有二：其一是照亮黑暗的角落，讓癲癇病患走出來；另一個意義更為重大，就是啟發一般社會大眾，讓他們明白何為癲癇，並澄清誤解。

美國癲癇基金會在全美國各州以及各大都市，共設有一百二十五個地方分會。基金會的運作經費主要來自社會大眾的捐款，目標是防止及治療癲癇、減少癲癇對病人的影響、促進癲癇病人的獨立、以及改善癲癇病人的生活品質。數十年來，基金會在維護、服務、教育以及研究等方面所作的努力，讓美國人對癲癇的態度有顯著的進步。在這方面的努力，台灣明顯慢了五十年。

美國癲癇基金會對於病人的法律地位和就業機會始終非常關心，只要病人因為癲癇而蒙受歧視或失去職業，基金會都會代為出面爭取公平對待；因此，各地基金會分會也都會參與有關癲癇病人駕駛的法律條文修訂，抗議歪曲事實、傷害癲癇病人形象及混淆視聽的報導。

電影「侏羅紀公園」的原著作者麥克・克萊頓（Michael Crichton）是一位天才型作家，哈佛大學醫學院畢業後即棄醫從文，寫過許多膾炙人口的暢銷小說。其中，《The Terminal Man》是一本描述無法抑制自己暴力欲望的主角、在精神病院接受實驗後逃脫的驚悚小說。引起爭議的是，這位頭部受創、有陣發性殺人衝動的主角，被懷疑是一名癲癇患者；美國癲癇基金會擔心這會誤導大眾以為癲癇病患會傷害別人，於是向麥克・克萊頓表達嚴正抗議。

最後，麥克・克萊頓不得不在書後刊登刊後語：「自從這本書的精裝本出版以來，有幾位精神科醫師告訴我，這本書對精神動作型癲癇有非常不正確的描述。這些專家強調，精神動作型癲癇病人並不會比一般人更容易犯罪；他們並認為，除非是意外，精神動作型癲癇病人在發作時並不會傷害別人，就算真有其事也是極為罕見。

「不管以上這些解釋是否令人滿意，無可否認地，大部分治療過精神動作型癲癇病人的神經科醫師，都認為我書中主角Harry Benson的行為與這些病人的症狀非常不同；絕大多數的精神動作型癲癇病人，都不會使用暴力或對人性騷擾。這種病可以治療，病人也可以成功地就業、成家，過正常人的生活。

「在與這些臨床神經學者討論以後，我不得不承認，我在寫這部小說時，以為腦部傷害與暴力行為有十分清楚的關係；但是，我現在已經瞭解，這兩者的關係還有待將來更多的研究才能確定。目前我很擔心，這本書會使一些已經控制得很好的癲癇病人無法在這偏見猶存的社會裡過正常的生活。」

我常以這件事為例和大家分享，我們不能容許一個錯誤的觀念在社會上傳播，不能縱容媒體以訛傳訛，一定要有道德勇氣舉發錯誤。當《The Terminal Man》再版時，麥克・克萊頓就給了男主角另一個疾病名，而不再是癲癇了；這可說是我們打的一場勝仗。如果台灣也能像美國一樣勇於正名，我們的癲癇病人就不會受到那麼多誤會了。

拉近彼此的距離

不僅是癲癇，在台灣還有很多患者因為所罹患的病症而遭到不公平的誤解，使他們不能勇於接受治療、和別人平起平坐。

受到美國癲癇基金會的啟發，一九九三年起，我在堪薩斯州創辦一個癲癇兒童夏令營「星營」（Camp Shing）。一般來說，癲癇病患很難參與這類活動；一來，主辦單位可能無法應付發病的突發狀況；二來，一旦有人發病，其他人的心情也會大受影響。

辦了幾次以後，我覺得還是未臻理想；因為，癲癇病童還是只能跟同病相憐的孩子一起玩，但他們總要和別人相處啊！癲癇病童面對的世界是殘酷的，只要他們在學校發病過一次、把同學嚇壞了之後，隔天就再也沒人願意坐在他旁邊了。

我們要幫助癲癇病童走出去，就從一九九五年起，讓來參加的癲癇病童可以帶一位同性的孩子參加；如此一來，他們就有機會認識更多孩子並和他們相處。活動中，我們為孩子上課，教他們認識癲癇，以及如何幫助癲癇發作的孩子。

有一回，在活動結束前，一個孩子跑過來要我抱抱；抱抱時他在我耳邊說：「但願我有癲癇。」這話把我嚇了一大跳。他是一個黑人小孩，出身貧

窮，能夠來參加夏令營而且全程免費——費用都是我們去募款來的，他相當開心；而且，上過課後，他覺得癲癇並沒有什麼可怕。我聽他這樣說，不覺流下眼淚，把他抱得更緊了。

在美國，我每年都邀請癲癇病的專家學者來為學生講課；有一年我突發奇想，邀請癲癇病患來為學生上課，有一位病人便自告奮勇來現身說法。他本身是一位心理醫師，但從沒有任何病人知道他罹患癲癇病。有一天，他在為病人進行心理治療時，癲癇發作了；當他醒過來時，整個桌面狼藉一片，病人也早就不見蹤影。

當天晚上，他打電話給那位落跑病人，病人說，他看到醫師突然兩眼上吊、發出怪聲、全身抽搐不已，簡直嚇壞了，所以拔腿就跑。醫生對病人坦白自己是一位癲癇患者，但已經有好幾年沒發病，以為不會再發病了，也就沒有必要告訴病人。他問病人：「你能不能再回來看我，至少一次？」電話的那頭是長長的靜默，然後，病人答應了。

當病人再回去看這位醫師時，看到他桌面上壓著大張的紙牌，寫著：「我是癲癇患者；當我發病時，會兩眼發直、發出聲音、全身抖動不已。請您耐心在一旁等候，幾分鐘之後我就能恢復正常，會再回過頭來照顧您。」

一般會以為醫師掛出這個告示後，大概就沒有病人會上門了。但一年之內，這位醫師的門診量反而成長了一成，因為癲癇是很常見的疾病，每一百人中就有將近一人得病；在台灣的比例是千分之七。很多癲癇患者隱瞞不敢對外人透露，苦悶無處消解，就都來找這位醫師了。

回到台灣以後，我們也開始在各地辦起癲癇病童露營活動，從一開始的五個家庭參加，現在已逐漸擴展成全國性的活動了。

幾年前，全世界開始關心起服用癲癇藥是否引起胎兒不正常；但是，這必須追蹤相當多癲癇懷孕婦女的用藥資料登錄才能進行判斷。這項癲癇妊娠登錄系統從歐洲先做，然後是亞洲；當時我是台灣癲癇學會理事長，就參加了這項計畫。我希望能藉這個計畫告訴台灣社會大眾，癲癇婦女也能正常懷孕。台灣人對癲癇有很多根深柢固的偏見，造成癲癇婦女的結婚率低，懷孕率就更低了，因為大家誤以為癲癇會遺傳而不敢生；但是，事實上只有不到百分之十的比例是來自遺傳。

藉著癲癇妊娠登錄系統，我們不斷對大眾澄清：癲癇婦女不能懷孕是錯誤的觀念；同時呼籲女性病患，不妨先進行判斷是屬於何種類型的癲癇；若是遺傳性的癲癇，當然宜避孕；但大部分都不會遺傳，而可以享有懷孕生子的美夢。

身為一名醫師，我們看到的是疾病；但對病人而言，他們承受的是病痛。從其間的差別，我便聯想到：不僅是癲癇，在台灣還有很多患者因為所罹患的病症而遭到不公平的誤解，使他們不能勇於接受治療、和別人平起平坐。回國第二年，我便與許多好同事們合開了「疾病、誤解與社會偏見」課程，介紹癲癇、藥物濫用、精神病、糖尿病、愛滋病、自閉症與智障、結核病、漢生氏病（癩病）等八種疾病；除了講述疾病內容、如何治療等醫學知識並釐清誤解之外，也請病友現身說法；有些病友不方便現身，就以錄影或錄音的方式呈現。期能藉此教導醫學生對待疾病的正確態度。後來並由慈濟人文志業中心出版了《照亮黑暗的角落》一書，希望能解開社會大眾對這些疾病的偏見。

我當時曾找了一位就讀國二的學生來為癲癇病現身說法。他在學校常被欺侮，加上爸爸工作的關係，小學就轉了四個學校。他表示，每次到新學校，最害怕的事便是重新認識新同學；「若是在認識好朋友之前就發作，那我就永遠交不到朋友了。」他分享了許多癲癇帶來的辛酸，說得大家都流下了眼淚。

有位學生聽完這位國二生的現身說法後，激動得站起來說：「我們不能容許大家對你的排斥，因為我們知道癲癇並不是什麼奇怪的病，我們要……」這就是我們辦這個課程的意義；除了讓醫學生知道癲癇病，也要知道如何去幫助癲癇病友。這個課程後來陸續推廣到其他大學，希望藉此開啟大家的心，消除對各種疾病的偏見。

培養能感同身受的良醫

我認為一位良醫應具備下列條件：能替病人去除病痛，能給病人帶來溫馨，能與病人、家屬及社會大眾溝通。

身為醫生，一定得明白Reflect（反思）和Reflex（反射）的意思，更重要的是區別它們的不同。當醫生愈久，經驗愈豐富之後，不知不覺看病就會愈看愈快，變得以反射能力在看病；但是，一個能夠反思的醫師，才能真正照顧好病人。

身為醫師的我們，必須常常捫心自問：我是用反思或者反射在看病？有學生請我用一句話來說明「如何當一個好醫生」，我的腦海中馬上浮現「對人類受苦的敏感度」這個答案；至今，我仍覺得這句話是正確的。當我們能敏感於病人的痛苦，病人沒說出口的困難，我們也會努力協助他。

邁阿密神經科醫生阿普特曼（Michael Aptman, MD.）分享了他的心路歷程。

有一天，在他偕同太太正要去參加女兒大學畢業典禮的路上，電話突然響了；警察打來通知他，他女兒和友人在酒吧慶祝即將畢業，離開時被一名歹徒持槍往她腦部連射三槍。接到這個噩耗，阿普特曼整個呆住！所受的打擊之大不言可喻。阿普特曼從此鬱鬱寡歡，沒多久就向醫院辦理退休。他的同事們要求他每週回醫院看診兩個半天，以防他陷入憂傷深谷中難以自拔。

經歷了這樣的創痛，阿普特曼再看診時，發現並不需要病人多說什麼，他就能明白他們的痛苦；從此，阿普特曼開始關心起社會案件的受害者。他語重心長地說：「我希望大家不需要經歷我這樣巨大的痛楚，才能具有對病人受苦的敏感度。」

有一則關於摩西生病的故事，同樣啟發人心。有一次，摩西病得很重，醫師要用藥草為他治病，但被摩西拒絕了；他認為，偉大的上帝造化萬事萬物自有其道理，不可違背，所以他要承受病痛，拒絕吃藥。隔天，摩西病得更嚴重了，醫師就對他說，偉大的上帝造化萬事萬物自有其道理，所以祂創造了藥草，並把藥草治病的知識交給醫生，讓醫生為患者治病。摩西一聽當下了悟，就把藥草吃了，病也就治癒了。

這故事的意涵是，只有融入每個病人的故事而與其互動，才有可能產生醫療上相互信任的溝通與合作；必須融入病人的生活背景，找到與病人的共鳴點，才能提供適切的醫療服務。

民眾也是醫學生的老師

在醫學生的養成教育中，如果沒有直接接觸病人的機會，他們將永遠無法學到臨床醫學的精髓。

要幫助醫學生成長，我除了以自身經驗當學生的教材、並在學生犯錯或有挫折感時給予適時的支持與教育之外，同時鼓勵醫學生博覽群書，培養獨立思考的能力；尤其要多閱讀醫界典範的故事，讓學生們能見賢思齊。此外，如何營造有利學習臨床醫學的環境，是社會大眾必須獲得的共識。

二〇〇一年起，我開始參與醫學院的評鑑工作。有一次，看到某醫學院五、六年級生所穿的白袍，居然掛名「醫師」了，對此頗不以為然；該醫學院院長的解釋是：在台灣社會，如果表明自己還是學生，是不會有人願意讓你看病的。

現代臨床醫學之父威廉．奧斯勒（Sir William Osler）說：「學習疾病但不看書，就像是出海不帶地圖；但只看書不看病人，那就像是根本不出海。」的確，我們在學醫過程中，有很多經驗是一定要從病人身上學習，無法單從讀書、人體模型或動物實驗來獲取；而每一位資深醫師在其養成教育過程中，也必要從病人身上學到有生以來的第一次寶貴經驗。然而，我們也常聽人說，不要到大學醫院看病，因為會被學生當成實驗品。這種「先在別人身上學夠了經驗，再來看我」的心理，是人性自私的常態；但是，若大家都不願參與醫學教育的話，一定會嚴重影響到醫學生在臨床醫學方面的訓練水準。

就社會大眾的立場而言，民眾應該有權知道他們所面對的是已經擁有醫師資格的醫師、或是還在學習的學生；就法律觀點而言，病人也應該有權決定他們是否願意參加教學。然而，就醫學教育的眼光來看，在醫學生的養成教育中，如果沒有直接接觸病人的機會，他們將永遠無法學到臨床醫學的精髓。

多年前，《紐約時報》有一篇以〈醫院裡的醫學生：病人需要參與教學〉為題的社論，報社邀請兩位資深醫師對這個看似難以兩全的困境，各自提出他們的看法。第一位醫生提及，他三十幾年前在醫院實習時，碰到一位富賈病人；當他介紹自己是醫學生時，病人的太太當場反對由他檢查而使他不知所措。於是，這醫學生直接去找他的指導教授，表示病人家屬不願意讓學生參與她先生的醫療照顧。

教授聽完以後，就放下手頭上的工作，帶著學生一起去徵求病人本身的意見；教授對病人解釋，這是一所教學醫院，學生是他的醫療團隊的一份子，所以非常希望病人能夠與他合作教學。沒想到，病人爽快地一口答應，她太太也就不再堅持己見了。

這位受訪的醫師感慨地表示，他永遠不會忘記，這位教授在他百忙之中，還花時間為了學生的學習機會與病人及家屬溝通；而他也很感動於這位教授對

病人作的說明：由於學生參與對病人的照顧，所以他會更細心，因為他絕對不能讓學生出錯。就因為這席話，不只讓病人家屬放心；更重要的是，學生聽了這席話後會更加戰戰兢兢、如履薄冰地照顧好病人。

最後，這位醫師說，如今他已身為人師並行醫多年，但他從不忘慎重其事地對病人及家屬介紹醫學生。

另外一位受訪醫師則表示，他常常對病人解釋：醫學教育就像是種樹一般，如果病人都只願意給經驗老到的醫師看診，而拒絕任何醫學生的參與，那就像是只砍伐粗壯的老樹，卻不願意參與造林一樣；長此以往，總有一天當老樹都砍完了，整個林場卻再也找不到建屋造橋的好木頭。

同樣地，如果社會大眾都不願意讓醫學生參與醫療照顧，等到有經驗的醫師都老去凋零，我們以及我們的兒女生病時，到哪裡找有經驗的醫師來照顧呢？他認為，醫學界應該努力教育社會大眾，讓大家接受「大家都有義務參與醫學生的教育」這個觀念。

我誠懇地期望，台灣大眾都能明白這位醫師所舉出的「伐木與造林」的道理，而能本著積穀防飢的心理，發揮病人在醫學教育中所扮演的重要角色。我更希望台灣的醫學生能因為病人的合作而努力學習，將來成為有經驗、有能力照顧病人的良醫來回饋社會大眾。唯有大眾能夠給予醫學生學習的機會，我們將來的醫生才有更好的臨床經驗；也唯有醫學生能因病人的參與而心存感恩及尊重，我們才能培養出更理想的醫病關係。

還要再請病人想想，要的究竟是醫療方便還是醫療品質呢？曾有一名整形外科醫師到加拿大受訓，回來後大呼台灣的病人實在太幸福了；因為，在加拿大要看到專科醫師，可要等上兩、三個月；在台灣，只要願意排隊，當天就等得到。他又說，在國外，癌症病人在腫瘤還很小的時候就開刀拿掉了，所以還能在傷口上進行美化的整形手術；但在台灣，腫瘤都很大了才被發現，能成功拿掉就很幸運了，哪管得了傷口美不美觀。

我覺得這話有矛盾，就回問他，如果台灣病人那麼快就能看到醫生，為何不能在腫瘤還很小的時候就拿掉？這位醫師被我問得當場愣住。其實，我知道答案，那就是台灣的醫師講求速度、效率。在國外，看一個病人要三十分鐘，在台灣只要幾分鐘；即使在國外受訓回來的醫師，也不免順應台灣的醫療文化而草草看診，當然看不出好品質。

以我長年來對臨床醫學教育的心得，我認為，學生是醫生最好的老師；因為學生的發問，我們才知道哪些是學生不懂的。病人也是學生最好的老師；有病人的參與，醫學生才有更好的臨床學習機會。至於醫生，當然也是病人最好的老師。我認為一位良醫應具備下列各項條件：能替病人去除病痛（醫術精良的醫匠）、能給病人帶來溫馨（關懷病人的醫生）、能與病人、家屬及社會大眾溝通（有教無類的教師）。

當醫生遇見Siki

印地安人的「siki」這個字，涵義十分深刻，意即「我關心你，而你也關心我」；醫病關係也可以是這般地互相關懷。

在美國時，有一天早上我正要出門，呼叫器響了起來，是醫院通知我有一位病人的丈夫急著找我。我趕忙回電，才知道那位病人在當天清晨癲癇發作；送醫急救時，醫生表示可能沒有希望了。

這消息令我心頭一震。這位病人我已看了很多年，她的癲癇病十分難控制。我答應這位先生，會儘可能找到急救室的醫師或護士探問更清楚的病情，再回電向他說明；但我也不得不告訴他，我因身體不適正要去接受X光檢查，然後接下來有門診，所以並沒有把握能馬上回電。

幸好，我順利地聯絡上了照顧這位病人的醫生；他表示，救回來的希望近乎於零。我馬上回電給這位病人的先生，告訴他詳情並勸慰他。他沉默良久，突然冒出一句：「您剛才說今早您要接受X光檢查，您是不是有什麼病？會不會是嚴重的疾病？」我只好向他說明我的狀況。沒想到，這位先生在他心愛的太太突然發生變故、瀕臨往生的當下，竟然在電話的彼端傳來我作夢也想不到的反應：「醫生，我們全家將會替您祈禱；我們都很關心您，希望您檢查結果一切平安。」我一時熱淚盈眶，視線模糊到幾乎無法繼續開車了。

行醫多年，我看過無數病人的生生死死；碰到這種病情突然惡化而需向家屬解釋時，我總是格外用心，希望在這束手無措的最後關頭，至少還能給病家精神上的支持。然而，這次卻是有生以來首次在擔心自己的健康、同時需要別人支持的心情下，病人家屬反過來安慰我。想到這病人的先生在愛妻生命垂危關頭，居然對我如此關懷，讓我對「彼此關懷」有更深一層的認識，並聯想起新墨西哥州印地安人的一個獨特字彙「siki」。

「siki」這個單字的涵義十分深刻，意即「我關心你，而你也關心我」。我一直以為醫病關係是指醫生關心、照顧病人，病人因而感激、尊敬醫生；我從來就沒有想過醫病關係竟可以是這般地互相關懷，醫生可以關心他的病人，病人當然也可以關心他們的醫生。我非常感激這位病人的先生使我茅塞頓開，使我有機會領悟出醫師與病人的關係也可以是siki。

透過對病人的關心與照顧的「施」，而獲得病人信任與感激的「受」，使身為醫師的我，深感不虛此生的喜悅。我要說：作醫生真是一種福氣啊！

（本文為演講整理）

打造美好人生

小時候，媽媽曾告訴我：「人生就是這樣啊！每到一個階段，就會面臨新的困難；那時你就停下腳步，反省清楚後再決定下一步，自然就能走出你的人生大道來。」媽媽的話深深影響了我。直到如今，我仍確信媽媽說得沒錯！

⊙鄭石岩（作家）

打造美好人生的重要基本態度就是隨遇而安。然而，美好人生並非指工作、事業上的卓越成功，或是家庭、婚姻上的幸福美滿；若是執著於這兩者俱足才堪稱人生美好，只怕要耗盡心力仍得不到；因為你永遠不知足、永遠嫌不夠。換言之，美好人生並非指所追求的成功、如意、美滿和幸福；美好人生就在當下這一刻啊！

自我欣賞的愉悅

美好的人生不是建立在多有成就、做出多偉大的貢獻上；若狹隘地以此為標準，許多人的人生可能泰半都在沮喪、失意中度過。

成功註定是由我們所擁有的資糧和因緣去開創；此外，還要懂得自我欣賞，才能享受成功的愉悅。

我曾請一位木工到家裡施做家具。這位木工總是邊哼著歌邊工作，顯得相當開心；她的太太有時也會過來幫幫忙。我對他說，我曾當過木工，三天就不幹了；不只我認為當木工很辛苦，很多人也都視這項工作是個粗活兒。「你認為當木工的價值是什麼？」我直搗黃龍地問。不過，「價值」兩字一出口，我就後悔了，覺得這可能不是他們瞭解的語言。

然而，出乎我的意料，他真懂得，而且輕鬆地回答：「我就和太太在做木工的時候談情說愛啊！」他進一步解釋，當他上完一天工回到家，太太會為他準備一頓豐盛的晚餐；孩子能乖乖上學他就滿意了，況且他們都健康平安；而他的工作很穩定，所以心滿意足。聽他這麼說，我真是喜歡上他了，他是真正懂得過美好生活的人啊！

這位木工朋友說，他為客戶量身訂製家具，每一樣都是他的精心傑作；聽到客戶讚美他的作工細、品質佳，他就很滿意了。「雖然我沒有親眼看到，但我能想像你們一回到家、看到家具時的滿意神情，我就很開心了！」確實如此；當我聽到讀者說我的書陪伴他走過幽暗歲月，或是聽到聽眾說我的演講給了他若干啟發，我也是歡喜得無以復加啊！

因此，美好的人生不是建立在多有成就、做出多偉大的貢獻上；若狹隘地以此為標準，許多人的人生可能泰半都在沮喪、失意中度過。美好的人生就在當下，是現成而垂手可得的。

只要願意走，就會有出路

人註定要用自己的才能、依自己的環境因緣去闖出自己的人生。問題只在於：你有沒有去開創？

小時候，媽媽曾告訴我：「人生就是這樣啊！每到一個階段，就會面臨新的困難；那時你就停下腳步，反省清楚後再決定下一步，自然就能走出你的人生大道來。」媽媽的話深深影響了我；直到如今，我仍確信媽媽說得沒錯！

我開始變得較有自信，是在初中畢業那年。因為家境貧窮，我原不打算考高中的，是老師的一番話「設計」了我；老師不但再三保證我一定能考上第一志願，他還動之以情。他先問我覺得他對我好不好？因為我的學費都是他先幫我代繳，我之後再還他，所以我馬上回答：「老師對我好極了！」

「那好！」老師很滿意地說，「那我幫你出報名費，你幫我去考第一志願回來，讓我開心開心！」能讓老師開心當然是義不容辭的事，我當下就和老師一言為定了。

老師知道我沒錢買參考書，就主動幫我張羅了一些。不負恩師的期望，我不但考上了，成績還相當不錯。這時老師又出招了：「我幫你出錢，你幫我去讀！」只是，這回媽媽拒絕了；她說，借錢只能借一時，不能借長久。後來，媽媽雖然答應讓我讀高中，但要求我必須自立更生。她除了再次搬出「走到哪，做到哪」的道理之外，還劍及履及地買來四十斤芭樂，借了一根十斤的秤子和一個稱水果的小籃子，要我挑出去賣。我當時實在不敢去啊！我多麼希望能有錢上學，卻又不希望得這樣拋頭露面。

芭樂批回來的那個晚上，媽媽見我猶豫不決，再次慎重問我究竟要不要去賣水果。初中剛畢業的我，叛逆地回答：「不知道！」媽媽委婉地說：「去賣水果，你才有錢上學；不賣水果，就不能上學。環境就是如此，你能走出去，世界才是你的。人不能死死地釘著不動，腳要有勁，要勇敢地走出自己的人生。」於是，隔天清晨六點，我挑著四十斤的芭樂上市場；走了十幾公里路，直到下午三點賣完，一共賺到五元多一點。

重點不在錢的多寡，而是在那一刻，我感到口袋是溫暖的、胸膛是飽滿的，我開始覺得自己「有用」了，從此再也不會受到貧窮的威脅。

那年暑假，我當了一個月水果販；從當中，我又找到新的出路。開學後，我利用晚上收購二百斤水果，隔天清晨四點半去批給市場的零售商，這樣就來得及八點以前趕到學校。於是，我又有了另一個身分——水果中盤商。

當起中盤商的我，每天可以賺到十多塊錢，工作時間也縮短了許多；但是，有時候水果賣不完，上學便會遲到，就被罰站在校門口。罰站時，我每每仰望門前大大的「天下為公」四字，心裡怨恨著：「天下不公！」為何我的人生要這麼辛苦和不順遂！雖然如今回想起來，我慶幸有這樣的歷練能讓我走出自己的人生，但當時還是毛頭小子的我，真是憤憤不平！

有一天，就在罰站的一小時之間，我決心不再念書了，覺得自己還想保留點骨氣，不要再被人處罰了。午休時，教官走到我身邊，輕輕問我「還在難過嗎？」我差點就要告訴他，我下午就要正式和同學們道別了。教官說：「別難過了，你做得到的，我們大人都未必做得到呢！」這位教官明白我的家境，有時看我匆匆趕到學校，總會催我快進教室，並不處罰我。就是教官的這句話，讓我當下回心轉意，因為這句話大大鼓舞了我；「我能做到大人未必做得到的事耶！」我自信地對自己說。

就這樣，我並沒有向同學道別，還是繼續一邊上學、一邊做生意；後來，我直接從產地批貨，請農民幫我送貨到批發市場銷售。這下子，我就變成大盤商了。

我的這段經歷，著實印證了媽媽對我的教誨：人生就是走到一個階段，重新審視環境的挑戰並調整腳步後再出發，走出自己的康莊大道。而這樣的歷程，就是一段美好的人生，是屬於我們個人的，無法與別人相比擬。高中時能自力更生，我已經很滿足了，我不會異想天開地去與富商相較；之後，我也是賺了錢才有能力上大學，也是考上公費留學才能出國深造。只要願意走，就會有出路；不走，就不會有下一步。

我們發現，憂鬱症患者的共同特徵就是——走不出去；他們總在原地踏步，欠缺跨出去的勇氣和能力，於是和美好的人生擦身而過。不論任何人、任何年齡，即便是年邁至步履蹣跚，仍然有一步路要走；能跨出一步，才能看到下一步的方向，然後再繼續跨出下一步。這就是美好人生的過程。

人就是這樣一步步地走在個人的人生道路上；千萬不要背叛自己，老是望向別人，然後抱怨怎麼不能和他一樣，想把自己變成別人。人註定是要用自己的才能、依自己的環境因緣去闖出自己的人生；你不是別人，你的人生不會和別人一樣。

不要奢望自己所沒有的

人就是應該在現有條件下過好自己的生活；老是巴望著別人的田，自家的田地就要荒蕪了！

人生路上有許多挑戰，當你遇到不如意和挫折，請將它們視為你人生道路的一部分，不要排斥它，而要設法跨越它，繼續跨出你的下一步。要生活的是你，必須用你的所有來生活，而不是去奢望你所沒有的。眼光若只聚焦在你所沒有的事物，就會愈比愈氣；看你所擁有的，你會感到富足，而能利用這目前所擁有的去延伸和創造人生。

唐朝有位洞山禪師，他從老師雲岩禪師那兒獲得生命的啟發後，決定雲遊行腳，走自己的路，開拓自己的弘法事業。

雲岩禪師為弟子送行了好一段路後，洞山回頭問老師：「如果將來有人問我老師的家風時，我該如何回答？」雲岩禪師答：「就是這個。」洞山再追問：「這個是什麼？」雲岩不答，轉身即去，留下一臉疑惑的洞山，佇立許久。

洞山禪師在外參學時，有一天在江上看見自己的倒影，突然領略到「就是

這個」的深意——他看到倒影反映著自己，頓悟到自身本體的圓融無缺。

舉例而言，如果你覺得自己是個窮光蛋，那是因為你和你眼中的富人相比較；若是窮人不比較，用自己所擁有的來生活，其實一點都不缺乏，本身就圓融具足。

領悟這個道理之後，洞山寫下有名的悟道偈。他說：「切忌從他覓，迢迢與我疏；我今獨自往，處處得逢渠。渠今正是我，我今不是渠；應須這麼會，方得契如如。」

「切忌從他覓，迢迢與我疏」——切忌往外追尋，把自己變造成別人，一定要用你自己的東西去發展。

「我今獨自往，處處得逢渠」——我一個人到處學習、到處成長，但我時時刻刻都碰到真正的自己。

「渠今正是我，我今不是渠」——所以，這個水中倒影其實就是我，由我所產生，但我並不是目前的這個有限生命。

「應須這麼會，方得契如如」——必須這樣領會，才能了然人的本來面目而得自在。

我很慶幸自己生長在一個佛教家庭，而我的啟蒙恩師就是我的媽媽。媽媽個性淡泊，但她的人生甚為豐富。

有一年中秋節，我們家窮得買不起月餅。遇到這種窘況，很多媽媽會抱怨貧窮、怨天尤人；但我媽媽並沒有這樣。那天早上，她對我們六個兄弟姊妹說今年不買月餅了。

「為什麼不買？」我們高聲抗議著。

「噓，小聲點。因為……我們沒錢，我們打算自己做。」聽到要自己做，我們立刻興奮起來。

平時我們家都是吃番薯代替米飯，家裡的米只剩下一點點；媽媽把米磨成漿和番薯一起搓揉，大夥兒就合力做成番薯餅。

下午，餅都做好了，妹妹突然冒出一句：「媽，這個不像。」

媽媽倒很鎮靜，只問了聲哪裡不像？

妹妹正色說：「人家的月餅上面都有個紅印，我們的沒有。」

於是，媽媽拿出二毛錢要我去買「紅花米」，再要大家各自刻出喜歡形狀的印子。

那晚，我們蓋印蓋得好不興奮，吃自製月餅吃得好不滿足；這是我此生中過得最喜樂的中秋節了。雖然貧窮，但我們過了個最美好難忘的中秋節；媽媽的智慧和創意，創造出我們的美好人生。

我們能給孩子的最寶貴資產，並非每天盯著他考出好成績。這不是否定讀書的價值。讀書當然重要，所得的學問將來成為工具利器，就像是一把刀；但是，握住刀柄的那個人是我們。決定刀如何使用要靠智慧；透過智慧，就能將我們現成所擁有的，變得豐富且帶來喜樂。

更何況，我們今日的物質生活實在比從前好太多了！只可惜我們沒有前人的生活態度，所以表現不出前人的生活睿智。倒不是要求大家過苦日子，而是要加以提醒：以我們目前所擁有的，一定能開創出美好的生活，問題只在於有沒有去開創？

我目前過著退休生活，有三分之一以上的時間是在當義工，其餘有演講、運動、陪伴家人等，生活緊湊充實，但態度是優閒的。例如，我要到花蓮、台東演講，我就當作是出門旅行，會跟航空公司的劃位小姐要求坐中前段、靠窗、能欣賞山景的位置；久而久之，劃位小姐都認識我了，他們知道我是要去欣賞山景的。從南部回來時，我會看夕陽西下、看雲彩變幻；所以，我過得很優閒。此外，每一場演講，我都當成是與很多好朋友聊天，分享生活經驗和智慧，這樣我就能從容地打開話匣子，和聽眾產生交流和共鳴。

人就是應該在現有條件下過好自己的生活，就像要好好布置自己的家，別去羨慕別人的豪宅。勿捨己之田而耕別人之田；若是老巴望著別人的田，你的田就要荒蕪了！

一切必須「如來」

如你本來面目，做你所能做的，不要自不量力。這個道理，同樣適用於我們的工作態度、時間管理，乃至情感的投入等，我們皆須如實做自己。

要打造美好的人生，首要條件是「如來」。華嚴宗四祖澄觀大師說：「如來者，如所從來，無所從來也。」如所從來，意指人人都是以他所擁有的現狀去生活，不可能用沒有的東西去延伸人生。人要是終日奢望所沒有的，一定會鬱鬱寡歡、失意沮喪；反之，只要我們還有一口氣，還能思考、交友，就能從我們所擁有的一切去拓展人生。

未必人人都會讀書、都有高明的專業技能，但人人確有屬於自己的專才，即所謂「天生我才必有用」。哈佛大學的加德納教授（Howard Gardner）便提出了「多元智能論」，說明人類的智能是多元的，並且至少有八種智能：語文智能、邏輯／數學智能、空間智能、肢體動覺智能、音樂智能、人際關係智能、內省智能和自然觀察者智能；每個人都擁有這八種智能，只是程度上不同而已。

有些家長認為他的孩子平庸無奇、找不到什麼值得一提的才華；但是，孩子聽話、守本分，做事按部就班、踏踏實實，這就是具有內省智能的人。他可能沒有令人眼睛一亮的表現，但這類人永遠是社會的中堅分子；他們默默工作，工作之餘再默默進修，永遠發揮著最穩定的力量。

每個人都有自己的因緣，都有自己該走的路，不要和別人相比。人生路也絕不會是一直線，有時得轉個彎，但必須先肯定行行出狀元，這個概念就是「如所從來」。換言之，我們要瞭解自己，掂掂自己的斤兩，再決定要挑多重的擔子。

在我小時候的社會氛圍，小孩也要承擔家庭經濟；小朋友是不比誰會讀書，而是比誰的力氣大、能挑得重。我高中時能挑起八十斤的水果，暑假時還去當建築工人，整天挑沙搬磚，所賺的錢就貼補家用；想不到，這才發現我竟血尿了。實在沒錢就醫，便有人推薦草藥偏方；我就當自己是白老鼠，每天忙著吃這嘗那。媽媽看我整天在煮草藥而起疑，向我問明原因後，她既痛心又十分自責。

媽媽一再告誡我不可逞強，不能「別人擔百斤，我也要擔百斤！」「要你有多大的肩膀，才能挑多重的擔子！」媽媽的生活智慧，結結實實地敲醒了我，我才瞭解到一切必須「如來」——如你本來面目，做你所能做的，不要自不量力。這個道理，同樣適用於我們的工作態度、時間管理、乃至情感的投入等，我們皆須如實做自己。

科學家能客觀地認識事物，這是「如來」；生意人把市場和消費行為掌握清楚，這也是「如來」。因此，修行並不難，只要人人都能堅守「如來」，踏實認分地履行在工作和家庭中的責任，就能在當中有所成就。

遺憾的是，大部分的人都是身在其中，卻不知道自我成就；難怪佛經上指出，一個人很富有，但他自己卻不知道。我們發現，一旦精神世界產生情緒的波動，便會有不愉快的漣漪，甚至因此罹病；這都是因為人們不願面對真實的自己和人生。若能依自己手中所擁有的、依自己的本質去發展自己，就是「如所從來」了。

還有另一個「無所從來」。佛教中常提到「妄」，意指現象界的事物都有一定的壽命，都是不確定、不穩定以及會消失的。「無所從來」意即，我們來人世一遭，不過是一種投射罷了；就像演一場戲，曲終人散後各自回家。

你若演得不錯，這場人生的意義就是磨練、提升你的演技。我們必須看清，到了生命的終點，不管賺了多少錢、有多高的地位，這些都是帶不走的身外物。其實，「自性本無」才是世間的本來面目；能如此領悟，我們的人生將走得更坦然、更瀟灑自如。

印順導師臨走時說，他不往生西方極樂世界，要乘願再來。印順導師不怕也不認為人世間有苦，就是對於「無所從來」的領悟！這就是如來的法義。用現代的語言來說，就是如真實的自己，真實地看待事物，活在真實中。

隨順因緣

我們注定是用我們的因緣來打造人生。也許表面上看似逆緣，但很可能就是逆增上緣，是成就我們的善緣；若是一味排斥，就不可能轉逆緣為善緣。

打造美好人生的第二個條件是「隨緣」。我們是因，周遭人事物是緣；因為環境在變、時代在變、潮流在變，所以我們只能隨緣。

雲門宗的開山祖師雲門文偃禪師解釋道：「隨緣就是隨著人生的波浪而發展。」此處並非指隨波逐流，而是「隨波逐浪」。前者是跟著別人走，欠缺主動的思考和清楚的覺察力，即喪失了覺性而人云亦云。後者則是指周遭境遇一波波前來，我們卻能夠逐浪——即能確立人生方向和目標；因此，不管機緣如何改變，都能加以覺察，將步調調整得宜。

《妙法蓮華經．隨喜功德品》中提到，彌勒菩薩問佛陀：「隨喜功德有幾何？」

佛陀回答：「隨喜功德無量無邊。」

「隨喜」即隨緣歡喜，能夠隨緣分去創造、走正確的路，即隨波逐浪而得到歡喜。唯有隨緣，我們的人生才能真正過得歡喜自在。

有位朋友畢業於一流大學的一流科系，但總為口吃毛病苦惱不已。他在高中以前並沒有口吃現象；但不知何時開始，老師說他口吃，必須多練習講話，上課就常點他回答問題；而他一緊張，就口吃得更嚴重了。顯然，這個口吃現象是由環境刺激所致。

不過，高中時只要心無旁騖地讀書即可；於是他埋首苦讀，如願考上一流大學。畢業後隨即入伍，被派到的單位也不需要口才，所以就不在意口吃現象。直到退伍後從事業務工作，口吃帶給他莫大困擾，才去尋求醫師矯治。

一年多後，這位朋友的業績深獲主管肯定，被委以重任，去規畫一個新部門。兩週後，他向大老闆進行新部門的規畫簡報，但因為緊張，整場演講結結巴巴，讓他既痛苦又難堪；「我當時真想放下麥克風，放棄一切！」說到激動處，他的眼淚滾了下來。

「支持我繼續做完簡報的，是我的主管。」主管就坐在他的斜前方，不斷點頭鼓勵他；他為了不辜負主管的提拔，才硬著頭皮撐完全場。結束後，大老闆大大讚揚他的簡報做得很好，決定由他組一個新部門來執行新業務，並請直屬主管提供一切協助。

儘管如此，他仍感灰心喪志，想到自己將成為一個口吃主管，「不如死掉算了！」他沮喪地說。

我告訴這位朋友，他的口吃現象是由焦慮所造成。「那怎麼辦？」他問。「不怎麼辦？只要接受自己。」我勸他不必在意，要全心接納自己，認命地當一位口吃主管就行了。「你的優勢是你的眼光、頭腦和專業判斷，就讓口吃成為你的商標，你必須培養出自己的風格。」

日本有一位身高僅一百四十五公分的行銷之神，他最初應徵工作時也是四處碰壁；好不容易，總算有公司要用他。上班第一天，老闆就對他說：「我們兩人註定要以矮取勝。」後來，他逐漸摸索出自己的生存之道；他說：「我雖然矮，但只要發展出我的能力，我的矮就會成為我的特色。」他說，像他這樣的矮子，大老闆們只要見一次面就都能記得他；一般人即使遞了五次名片，日理萬機的大老闆也未必會留下印象。我就以這個行銷之神的故事來鼓勵這個為口吃而苦的朋友。

一年後，這位朋友告訴我，他很想繼續當一個有口吃特色的主管，但是他的口吃現象慢慢不見了。這就是我當初給他的處方：只要真心接受口吃，口吃自然會慢慢消失。我告訴他：「你現在就當一個走出口吃陰影的主管，不也很好嗎？」這就是創造美好人生的一個實例。當初他可說是萬念俱灰；後來，就在隨緣接受的當下得到轉機。只要我們能接受當下的緣，隨著接納，就能創造出美好的人生。

我自己也有這樣的經驗。我很喜歡登山，三十九歲那年卻不慎跌落山谷，脊椎嚴重受創，下半身麻痺，面臨殘障、不良於行的危機，並從此展開長達五年的復健歲月。

前兩年，我終日眉頭深鎖，因為躺在床榻的日子著實難熬。嚴格說來，我並不是睡在床上，而是睡地板上，就為了方便移動。我太太一直非常耐心地陪伴我，聽我傾訴憂慮和不安。

有一天傍晚，她以佛門同修的立場警惕我：「你學的是心理諮商，從小就修持佛法。你懂得如何助人，也常常在各地演講；現在自己碰到難題，卻愁眉苦臉。看來，你能講給別人聽，自己卻不受用。」

太太的這番話讓我慚愧不已。我默然沉思良久，認知到必須接納現實，面對眼前的困境。這輩子即便好不了，下半身不能動，我還可以坐輪椅；至少我的上半身是好的，至少我的手和頭腦是好的。於是我對太太說：「我決心在家寫作。我服了，我願意接納它。」

從此，我開始躺在地板上寫書，寫下第一本《清心與自在》，非常暢銷；至今，我的作品一共四十多本，影響了很多人，還銷售到海外。

這讓我領悟到，一個奇妙的緣，也許是一個嚴重的打擊，但也能讓人在這個當下有了轉圜，這就是生命的轉彎處；到了這裡，人不得不轉彎。就像湍急的河

流遇上大山阻擋，也必要迂迴尋找出路，然後流至平原、流至大海。

當我在台大醫院第一次可以扶著支架站起來的那一刻，我頓時有個大領會：原來，可以走路這件事是這麼快樂啊！由此也體會出：原來，眼睛能看、耳朵能聽是這樣喜樂，有東西吃、能消化吸收是多麼開心啊！這些事大家都辦得到，人人都應該開開心心啊！這時，我才真正領會到佛法所說的：當下就是一切。

我有位朋友也有相同的感受。他曾經沒來由地喝了水便嗆出來；後來，連吞口水都會嗆到。就醫檢查後，證實是腦瘤壓迫吞嚥神經所致。待開刀取出腦瘤後，他仍無法吞嚥，吃進去的食物全又吐出來，只得透過鼻胃管灌食。

我去醫院探視他時安慰他：「既然醫生已經拿掉你的腫瘤，且說吞嚥能力會慢慢恢復，那就安心休養吧！」但他認為，都開完刀好些天了仍無法吞嚥，為此擔心不已。於是，我教他做一些放鬆動作，然後為他誦了一部經；誦完，他沉沉入睡，我便離開上班去。下班後我再去看他，發現他的鼻胃管已經拿掉，並能自己進食了。他告訴我：「我發現，能吞下食物而不會吐出來，真是快樂啊！」

海倫凱勒寫了一篇著名的散文〈假如給我三天光明〉。天生眼盲的她在文中表達出對光明的渴望和珍視，以及對人生和生活的熱愛，同時懇勸身體健全的人們應該珍惜生命、珍惜現今所擁有的一切。她說：「我只看我擁有的，不看我沒有的。」海倫凱勒只希望有三天時間能夠好好欣賞這個世界。天天眼明的我們比起她來，還不夠富有嗎？

人世間充滿了轉彎處；一轉，就能柳暗花明又一村，這就是打造美好人生的重要一環。我們一定是用我們的因緣來打造人生，即使表面上看似逆緣，但很可能就是逆增上緣，能提升我們的能力，是成就我們的善緣；若是一味排斥，就不可能轉逆緣為善緣。這就是佛法中的「轉識成智」，轉業識成智慧。

遵循紀律

能樂觀積極地培養生活紀律，就能奠定面對挑戰的能力，承受打擊的回應力也將優越許多。養成良好紀律的訣竅有：延緩報償、責任感、面對真實和收支平衡。

宇宙需要紀律，人與人之間、家庭、學校、公司管理也都需要紀律。其實，我們的思考就是一套紀律，生活習慣和身體運作也各有一套紀律；這套紀律要是失序，人就要生病了。

有規律的生活作息，就能保持身體健康；有良好的閱讀紀律，自然能提高讀書和作研究的效率；能謹守工作紀律，就能有效管理事業。除此之外，身心上的紀律尤為重要，道德、法律亦然。父母若能以身作則，晚回家會先打電話告知家人，這種紀律就會形成家庭規範，自然能對孩子產生潛移默化的教育，家人之間就能形成默契。

情緒管理也很重要。有些人很有一套，不隨便發脾氣，能適時控制自己的情緒，在待人接物上就能廣得人緣，在工作上也不致因情緒的影響而有偏差作為。相對地，容易情緒失控者也大有人在，也許只是不經意的一句話，就會引起軒然大波。

養成良好的紀律有幾項訣竅。首先是延緩報償。當你想花些錢犒賞自己時，不妨先想想，這些錢你日後用不用得到；若另有用途，就別急著花掉這些錢，先儲蓄起來再說。很多卡奴就是不能延緩報償，所以刷卡刷得無法自拔而欠下償還不起的卡債。

推而論之，能延緩報償的人就不會逞一時之氣，想發飆時能夠踩一下煞車，等情緒過去再說。也許，事過境遷，就能以幽默的方式化解了；至少，表達方式和態度都能比發怒的當下好得多。

我高中在果菜市場當中盤商時，有一天的市況很差，到了八點多水果都還賣不出去。好不容易有人來光顧了，偏偏他粗魯得很，竟把整簍水果用力倒出來檢視。我擔心水果被摔壞了，連忙要他動作放輕一點；但他甩都不甩我，又繼續翻倒一簍水果。我再度要求他動作輕一點，這次的口氣就急了些；他只冷冷地嫌我「龜毛」。我再也按捺不住怒火，便丟出一句：「你給我出去，我不賣給你！」結果，那天到九點多，我的水果都沒能賣出去。

爸爸那天到市場看我；他說他八點多就來了，便見到我對一人大聲喝斥。我向爸爸說明那人的態度惡劣，「我不喜歡他，不想賣他。」爸爸說：「你在市場賣水果，是看喜歡的客戶就賣，不喜歡的就不賣嗎？」這話讓我反省良久。沒錯，我跟人吵完架後，就再也沒人過來看水果，最後就全都賣不出去了。當初要是我能延緩報償，當下控制住一觸即發的脾氣，也許水果就能賣出去了。

父母教訓孩子也是一樣；很多時候就是因為父母沒有做好情緒管理，一股脾氣爆發出來，就鬧出不可收拾的後果，導致親子間信任感破滅。回到家能先做功課再玩的學生，成績多半優於先玩再做功課的學生，這也是能延緩報償、先苦後樂的實證。

其次是責任感。有責任感的人能夠把工作處理完善，沒有責任感的人常是擺爛。有責任感的人願意學習新事物，用心經營人生。願意負責任的另一層意義就是願意吃苦；願意吃些苦把事情處理圓滿，就能打造美好的人生；因此，能吃苦是很重要的本事。願意受點苦幫助爸媽，就是孝順；願意每天吃點苦做運動，就能保有健康；願意吃點苦學習新事物，就能增加本領。

心理學的研究指出，所有的精神疾病都是正當受苦的代替品；因為該受的苦不願承受，就以疾病的方式來呈現。例如，一個生意失敗的人不願面對現實收拾後果，反倒逃避痛苦而去吸毒；他以毒品來代替面對現實的苦，結果就被毒品所控制，就此毀了整個人生。

孩子因為有事未能完成功課，負責任的孩子會向老師坦誠，然後答應儘速補完功課；雖然苦，但直接面對。而不負責任的孩子可能會找藉口掩飾；食髓知味後，再遇到類似情形就習慣找藉口，找正當受苦的代替品，如此便容易出現偏差行為。佛經、《聖經》和《可蘭經》中都提及：受苦的人有福了！若你把受苦視為理所當然，也就無須逃避；能不怕苦，願意受苦面對，一定能尋得解決之道。

第三是面對真實。每個人腦中都有一張地圖，乃由過去經驗所構成，我們總以這張地圖用來因應目前所面對的人生情境；然而，很遺憾地，這張地圖始終是舊的。我們小時候會跟同學賭氣，現在也會跟同事賭氣；小時候我們會跟爸媽抬槓，現在也會跟老闆抬槓；我們學不會好好與人溝通，也不會用孩子的觀點來對待孩子。

當我們沿襲腦中舊地圖的指引去對待別人時，就誤判了我們現今所面對的真實。我們必須隨時覺察我們的真實人生，以此去更新腦中的舊地圖，不要反受老舊的行為模式所制約。

整個社會、文化、教育都在改變，我們不能再用那套舊思維了；過去的經驗或別人的經驗並不能複製在我們的新人生中，只能用來參考。這個道理很簡單，例如：拿一張四十年前的舊地圖，你可能找得到總統府，但找得到中正紀念堂和台北一〇一大樓嗎？舊地圖有些可用、有些已經過時了，所以我們必須不斷地學習並更新腦中的地圖。

我兒子誇過我電腦打得不錯；我說，我還嫌自己會得太晚了。兒子反過來安慰我：「你都六十幾了，會這樣已經很不錯了。很多人到了你這個年齡，電腦連碰都不敢碰呢！」其實，我要奉勸大家，對於年輕人所熱衷的事物，即使我們很陌生，但至少可以接觸一下，才能拉近世代間的距離。

但年輕人也必須瞭解，對老年人來說，學習新事物真是不容易啊！老人家之所以常常憂鬱，感到和年輕人格格不入，正是因為老人家失去更新自己的能力了。無論如何，只要能面對真實，處理方式就能得當；反之，則可能把事情搞砸。

最後是收支平衡。體力和工作必須平衡，時間的使用、情感和理智都必須平衡。

能樂觀積極地培養生活紀律，就能奠定能力去面對種種挑戰，承受打擊的回應力也將優越許多；此外，所做的思考也都較能切合生活中的各種需要。我們在很多方面需要紀律，而紀律必須養成習慣，才能以身作則，給孩子良好的生活教育。例如孝順，唯有你身體力行地孝順父母，孩子才可能在潛移默化中奠定孝順的觀念且身體力行。你不做，你的小孩就不會做；現在不做，將來鐵定後悔。

家庭生活紀律是學校教育教不來的，必須在家庭生活經驗中養成；因此，應該讓孩子學習參與，從參與中培養家庭生活紀律，一代一代地把優良傳統傳承下去。

簡約生活

當我們的心思簡約時，就比較不會懷恨、有成見、老牽掛著不放，如此才能真正獲得安定；安定後才能思考、用功，更有效地學習。

打造美好人生需有一個重要且基本的觀念，就是生活愈簡約愈美好。我們發現，生活態度愈是簡單的人，因為煩惱少，所以思考往往愈是縝密；生活愈複雜的人，雖然整天想東想西，但往往無暇顧及而漏洞百出。因此，簡樸的生活態度相當重要；簡單的人，心胸寬大、有智慧、能得自在。

佛陀說過一個故事。在無量劫以前，有一隻孔雀王，牠和牠的孔雀族群四處旅行覓食。有一天，牠們來到一個國度，那裡的國王和人民都非常愛吃孔雀肉，於是布下天羅地網，終於網下整個孔雀族。國王告訴人民，現階段的孔雀肉還不夠美味，必須先把牠們關在舒適的籠子裡，給牠們最好的環境、上等的食物和頂級的享受，過些時日後再享用牠們。

結果，被關進牢籠的孔雀族竟很喜歡這樣的生活；因為，不必再風吹日晒地四處覓食，就能有高級的生活享受，大家真是樂不思蜀。孔雀王觀察到族人的心態，便語重心長地勸誡大家必須過簡約的生活，不能毫無節制地擴張需求和享受。然而，只有少部分的孔雀願意簡約生活，不貪求籠中的享受。

一段時日後的某一天，孔雀王努力從牢籠的木條縫隙中擠出；牠因為瘦了，竟輕易地就擠出了牢籠。接著，其他跟著孔雀王一起簡約生活的孔雀，也一隻隻輕巧地逃出牢籠。牠們個個歡欣鼓舞地展翅高呼：我們重獲自由了！我們要飛回自己的國度了！

這部經叫《孔雀明王經》，宗旨就在告訴我們：當我們不能以簡御繁時，就不能順應這個社會，並環環相扣地處理更細密的事物；當我們的心思複雜時，無異於被關在牢籠中。所以，我們的心必須維持平靜、保持細膩；心能愈簡約，思考就能愈縝密。

當我們的心思簡約時，就比較不會懷恨，不會有成見，不會老牽掛著不放，如此才能真正獲得安定；安定後才能思考、用功，更有效地學習。真正能做大事的人，他們的共同特色就是生活簡樸；正因為如此，才有腦力去下功夫，能以簡御繁。反之，有些人明明無所事事，卻感到壓力很大，大到幾乎失去了基本的生存能力；這就是因為心思太複雜了，想太多卻又找不到出路。

愈是懂得簡樸的人，生活愈是成功，而且柔軟度極佳。《伊索寓言》中有一篇故事提到：鹿的頭上長滿了角，就很容易被樹枝絆住；但沒長角的動物，就能從容地在林間穿梭。也許我們也能明白簡單的美好，卻往往陷入複雜的生活中；因為我們內心喜歡複雜，認為那樣較有安全感。

複雜讓我們自以為比別人優秀，比別人擁有更多；其實，那些複雜的事物只會絆住我們。不管你有多高的地位、學歷，多龐大的財產，能不被這些身外之物絆住，也不被感情束縛住，才能得到真正的自由，我們的智慧才能得以展現出來。

總之，人人都有各自的造化因緣，我們就是利用手中的這些素材去彩繪人生，不可能用我們所沒有的材料去畫；並且，每個人手中的材料不同，必須各自去打造屬於自己的人生風光。只要妥善運用自己所擁有的因緣，提升自我功能，便能發展出充實的生活興味和品質，打造美好人生。

（本文為演講整理）

生命的根本動力與終極關懷

每個人能夠活下去，都是因為後有推動的動力、前有嚮往的目標。但是，一般人的動力都不是根本的動力，追求的目標也不是終極的關懷。

一般人的動力和目標並非你真正想要，而是外界環境硬塞給你的，你長期生活在這樣的氣氛中被感染、制約而內化。這樣的動力和目標當然大有問題。

所以，動力從何而來？目標如何設定？我們需要講究。

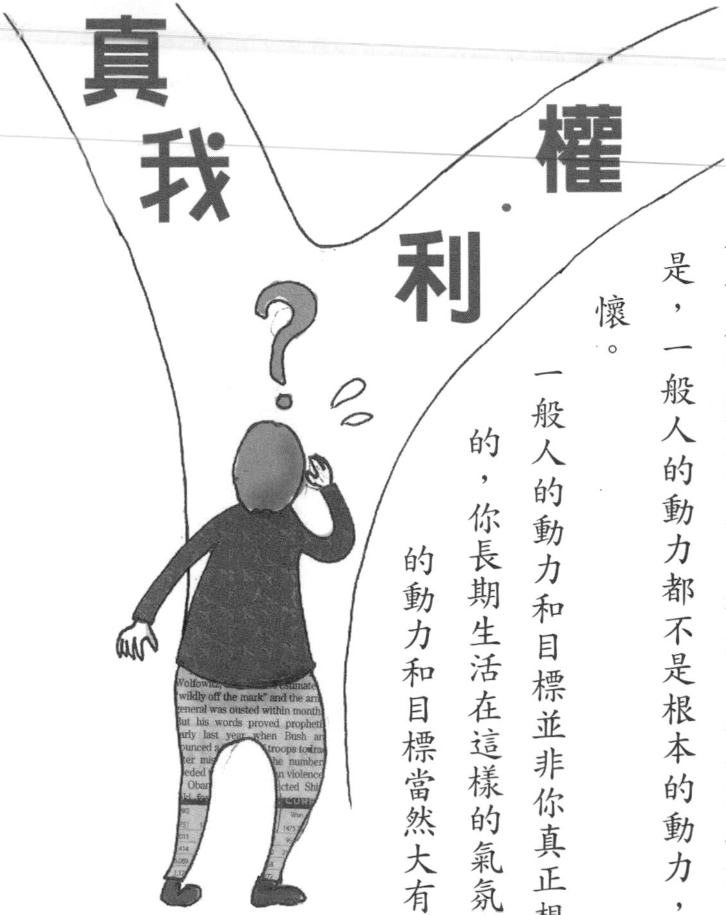

⊙曾昭旭（淡江大學中文系教授）

近年來，大家普遍感受到台灣人心迷亂不清明、生活動盪不平衡。大家都說：台灣病了，而且病得不輕！尤其受經濟不景氣所累，憂鬱症與燒炭自殺者大幅增加，更是顯而易見的發病表徵。試問台灣人乃至所有現代人，到底生了什麼病？又病得如何呢？概括地說，無非就是人生觀或人生態度不端正、不徹底之病。

我們又常說現代人愛走短線，只顧眼前；歸根究柢，就是現代人在資本主義體制的催迫誘惑下，所有行為都受到眼前有著美麗幻夢包裝的利益引誘。試想那些天花亂墜的廣告詞：加薪、升遷、成功、名望、豪宅、與某某名流為鄰等訣詞，加之背後又有種種壓力的逼迫：從業績到房貸、從責任到虛榮、從學生分數的虛擬競爭到社會上真槍實彈的傾軋……絕大多數人就因此身陷「胡蘿蔔與棒子」的威逼利誘中，不克自拔了。

導正拜金與逐權的人生觀

新聞媒體喜愛報導名流所配戴的珠寶飾品價值多少錢；表面上看似批評，其實難隱羨慕之情。長期下來，大眾的人生觀便導向了崇拜財富和追逐權位。

每隔一兩年，台灣就會被貼上一個新標籤，像是「貪婪之島」、「垃圾之島」、「作弊之島」等等，近幾年喧騰一時的內線交易、官場弊案，透露出拜金和逐權的價值觀，正在我們的社會中蔓延。進一步追究，這樣的狀況，很可能是台灣幾十年來的教育出了問題，因為我們沒有教導孩子正確的人生觀和價值觀。

長期浸染在升學競爭、短線、惡補、追逐功名的教育環境中，孩子長大後成為社會的中堅，不僅是商場上的金錢追逐；連剛出道的社會新鮮人，也不自覺地一腳陷入追逐的潮流中。

從新聞媒體的報導現象就可看出，記者們最愛報導社會名流、影視紅星身上所配戴的珠寶飾品價值多少錢。最經典的新聞，莫如報導前第一夫人吳淑珍女士鍾愛的冰種翡翠套飾，市價二千五百萬，TIFFANY鑽戒要價一百三十二萬，全身行頭高達上千萬等。新聞處理方式表面上看似批評，其實難掩羨慕之情。長期下來，整個社會的人生觀都不由自主地羨慕起這些名人的行頭秀，無怪乎不斷爆出循私枉法、貪官汙吏之事。這是大眾教育長期熏染下的產物啊！

雖然諸多弊案新聞是負面教材，但我們若能從中深切反省，讓台灣長期盲動的潮流得到遏止而有峰迴路轉的機會；那麼，這些負面現象，才算有一些正面貢獻。看待人生，我們要培養這種辯證的思維、反向的思考，亦即雙向思維，才不致一頭栽進牛角尖裡。才不會如某位老翁，看到電視報導台開案及收賄賣官等新聞，愈看愈激憤，為此和妻子爭吵後，憤而離家一夜未歸，隔天竟被發現上吊自殺了。這是多麼可惜又可憐的下場啊！人生實在不必這樣死心眼，要能明白，正負往往是一體兩面，危機就是轉機。

人生靠清明的抉擇

追求愛情、功名和逐權，是可以靠運氣；但人生不能靠運氣，而是靠自己清明的抉擇。選擇真情和真愛，或是選擇虛名和財富，你可以完全自由作主。

美國導演伍迪．艾倫（Woody Allen）的電影「愛情決勝點」，正好能呼應這種拜金和逐權的社會現象。男主角克里斯威頓是一個出身貧寒的網球教練；他陪富商之子打球，以此作為脫離貧窮的敲門磚。他後來果真娶了富商的女兒，等於拿到了夢寐以求通往財富和成功的金鑰。可是，當克里斯享受上流社會的生活時，卻被富商之子的未婚妻諾拉深深吸引；這個致命的吸引力轉變成要命的佔有欲時，克里斯面對著人生中最最殘酷的選擇。

這部電影的英文片名「Match Point」是網球術語；當你擊的球觸網時，要是再往前跳你就贏了，往後跳你就輸了；是贏是輸，此時便取決於運氣。導演巧妙地利用一枚在河岸欄杆上彈跳的戒指，扭轉了整部電影的結局。克里斯的真愛是諾拉，但他又無法拒絕妻子所帶給他的財富和名利；在兩難之間，他的選擇是謀殺最愛，甚至犧牲了她肚子裡的親生骨肉。

電影說，很多人不知道他的一生多麼依賴著運氣；既然是運氣，就表示出乎我們的掌控外。若你靠運氣而平步青雲，便未必能永遠平步青雲；哪天出了岔，可能就此跌落雲端。正因為運氣靠不住，所以走運的人會不由自主地害怕，怕運氣沒了，人生就跟著玩完了。

不過，可別以為這部電影只是在談運氣。克里斯這名涉世未深的青年，在努力往上流社會爬的過程中，因為生存競爭和權利鬥爭所不得不表現的冷酷、無情和虛偽，損傷並壓抑了自己的真感情。然而，真情會尋找出路，於是他出軌了；最後，他用犧牲真愛來保全功名。表面上，克里斯贏了，那枚關鍵的戒指彈了出去，他運氣極好地逃脫了凶手的罪名。但真是如此嗎？

運氣好，能瞞得住世人，但瞞不住良心；良心不安將永遠如影隨形，就像克里斯從此一生都將囚禁在道德良心的枷鎖中。這部電影，可以說是現代社會諸多亂象中一個非常好的抽樣；不論是內線交易、賣官疑雲、婚外情、謀殺案，道理是相同的。

若追求愛情、功名和逐權，是得靠運氣；但人生不是靠運氣，而是靠自己清明的抉擇。在人生的交叉路口，選擇真情和真愛，或是選擇虛名和財富，你可以完全自由作主。重要的是，我們應該選擇忠於自我。

電影以謀殺案做結局，以達到驚心動魄的娛樂效果。很多同樣追求名利的人會說，沒那麼嚴重啦，我又不會殺人。所謂「一將功成萬骨枯」，追求名利這條路，基本上都是靠殺了別人爬上去，只不過未必真的動刀動槍，只是殺人

100%
10

不見血罷了。

每年迎接國立大學的新鮮人，我都會潑他們冷水說：「別太高興啊！你們知不知道自己滿手血腥？」過去六年或十二年中，他們用分數當武器，通過那麼多的考試，砍殺了多少人啊？「我不殺伯仁，伯仁因我而死」；在求取功名的過程中，你贏了，就代表很多人被你打敗；這些被你打敗的人，有沒有因此自殺的呢？

台灣的受教環境，長期都在廣義的權力鬥爭中；在學校用分數競爭，爭得你死我活後，教會了學生兩件事：作弊和鬥爭。無論什麼樣的考試都有人作弊，連能夠考高分的人都還要作弊，就為了拿第一，這就是鬥爭。教育方針整個偏差掉了，我們沒有教學生做出忠於自己的正確選擇，而讓百分之九十九的人都在追求功名，大家都成了資本主義競爭現象中的見證。

前總統女婿說：「我有錢，買一些名錶有何不可？」

可或不可，不能只想到有錢的「能力」，卻沒有考慮到有錢的「資格」。有能力有錢，並不代表有資格有錢；當你有能力而沒有資格有錢時，錢只會把你害慘了。

要把一般的小老百姓害慘，只要送他們一億元就夠了。曾有過追蹤統計，樂透得主大多在六年內花光獎金；可悲的是，曾經那樣有錢，一旦財產歸零後，就活不下去了。在歐洲曾有一位樂透得主中獎後遲遲未領獎；他深思熟慮後，決定把所有獎金捐出去，他認為這是最安全可靠的唯一方式。

我曾經中過大樂透一千元；去兌獎時，再拿出一百元買彩券，又中了四百元，多高興啊！多願意公諸於世、向大家誇耀啊！中獎一千元、一萬元是那麼快樂的事；要是中了五千萬，我一定不敢吭聲，有人甚至還為此半夜偷偷搬家。精神上的滿足相當重要，而中一億元的壓力太大了！

因此，我們要有雙向思考、變動思維，不要死心眼地只朝一個方向去鑽。

談到有錢的資格，我們要明白，賺錢的能力跟聰明、運氣有關；但是，能夠善用金錢就不是靠聰明，而是靠心靈的修養。在台灣，人人追求賺錢的能力，完全忽略了還要具備有錢的資格。

好萊塢巨星安潔莉娜・裘莉和布萊德・彼特的雙胞胎寶貝尚未出世，他們的肖像權就以一千一百萬美元賣給了美國一家報紙；而這筆龐大的金錢，全數捐給聯合國，用來進行兒童人道救援。這就是有錢的資格，是一種修養和智慧，是一種境界；若不具備這個資格，錢只會把人害慘了。

勿以有限強求無限

追求溫飽很容易，再怎麼餓，三碗飯就填飽了；但利和權的欲望是永遠填不飽的，也就是欲壑難填。

談過有錢的能力和資格之後，我們要問一個更深刻的問題：我們每個人是怎麼生活的？同樣是吃吃喝喝，是怎麼活下來的呢？

每個人能夠活下去，都是因為後有推動的動力，前有嚮往的目標，所以說「有夢最美」，有夢讓人生變得真實。我們也常說，必須有活力才能向前「衝衝」，這個活力就是動力。但是，動力從何而來？目標如何設定？我們需要講究。

而我們的教育改革，本應該教會我們這些人生智慧；只可惜並沒有，我們應該扭轉回來。

一般人的動力都不是根本的動力，追求的目標也不是終極的關懷。一般人的動力和目標都是外在的；它們並非你真正想要，而是外界環境硬塞給你的，你長期生活在這樣的氣氛中被感染、制約而內化。這樣的動力和目標當然大有問題。

漢朝的賈誼就看出人類的這種病相，他寫了一篇著名的〈鵩鳥賦〉，其中云：「貪夫殉財，烈士殉名；夸者死權，眾庶憑生。」意為：貪求的人為財富而死，知識分子為名聲而死，好大喜功的人為權力而死，一般百姓則是為了填飽肚皮而疲於奔命。

一般老百姓的生活動力是生存壓力，就是為了活下去、為了能吃到下一頓飯而工作謀生；他們所追求的，不過就是能夠溫飽的生活必需品。民國五十七年是台灣經濟起飛的分界點；五十七年以前，大家的生活都很簡單，就是為了三餐而已。

猶記得我念初二時，上課時講到「營養」，老師講解了脂肪、碳水化合物等等，然後嘆了口氣說：「說這些幹嘛呢？吃飽就是營養了。」

能不能吃飽，是基本、也是每天須要面對的問題。工人辛勤勞動了一整天，渾身汗臭地回到家洗個澡，能吃上一碗香噴噴的白米飯，那就是人間珍饈啊！

辛苦工作兼差，就為了改善生活；這種改善非常實際，就是買個冰箱和電視、裝一台冷氣，只要有新的家電進門，全家都歡樂得不得了。民國五十一年台灣剛有電視，當時只有全村最有錢的人才買得起；每天下午五點半電視開播時，就得把電視機推到門口，讓街坊鄰居搬凳子過來一同收看。這種簡單樸實的生活，就是因為「眾庶憑生」；生活本身就是人生的動力，同時也是人生的希望。

現在不同了，一碗白米飯能有什麼吸引力呢？現代人可不是因為餓了而吃飯，而是因為時間到了而吃飯。從前吃飯時間到了，媽媽還在廚房忙著，孩子們早已圍在餐桌旁，忍不住偷吃一口再趕快把菜弄平。現在是吃飯時間到了，媽媽三催四請，孩子還在房裡玩電動不肯出來吃飯，因為他根本不餓。

五十七年以後，台灣人慢慢有錢了，填飽肚子之後所追求的不再樸實，轉而追求一些空虛的、抽象的名、利、權、位，即「貪夫殉財，烈士殉名，夸者死權」，總稱為「虛榮」。這其中，名和位是虛的，錢和權是實的；有名能帶來利，要的是後面的利；有位才有權，要的是後面的權；與其位高無權如國策顧問，無寧位低有權，如風化區的管區警員。

人們開始追求利和權之後，就失去了原有的樸實，便構成了邪惡之源。追求溫飽很容易；再怎麼餓，三碗飯就填飽了；但利和權的欲望是永遠填不飽的，也就是欲壑難填。

有人的財富多到八輩子都花不完了還要繼續賺賺賺，是因為人們真正想要的是「無限」。衣食是有限的；衣食滿足後，就轉而追求無限。人們誤以為「無限」是形容詞、副詞，要賺無限的錢、吃無限的食物、戴無限的翡翠和勞力士錶；如此一來，便掉進莊子所觀察到的陷阱裡：「吾生也有涯，而知也無涯；以有涯隨無涯，殆矣。」

人生有限，翡翠無限，以有限的雙手配戴無限的翡翠和名錶，怎麼戴得完？這是一條沒有希望的路，走錯了啊！原來，「無限」既不是形容詞，也不是副詞，而是一個名詞，哲學上稱「無限性」，即具有永恆性質的事物；然而，一切的外在事物都不具有永恆性。一般人的生活動力和目標有問題，就是出在這個外在的動力；動力即壓力，是驅迫我們前進的力量。有人一輩子拚命到老死，即使賺得了天文數字的財富，它仍是有限的；以有限的壽命，如何能賺取無限的錢財呢？這擺明了就是一條沒有希望的路，但就是有這麼多人看不清楚，誤從有限之處去強求無限。

比起從前，我們的經濟生活改善了很多，但並沒有比從前人更輕鬆、更幸福快樂，反而更忙，而且茫茫然。

填飽肚子是有限的目標，填滿欲望是個無底洞；這種為生活打拚不能稱為奮鬥，而是盲目渴求，並因此造成過度開發、過度消費和過度競爭，把有限的地球資源過度消耗，造成環境汙染、能源耗竭，而且並沒有為人生增加任何快樂。之所以如此，是因為我們在衣食無虞後，人生觀應該升級而未升級，才導致今日陷入危險的困境。

開發根本動力

根本的動力就是無條件的自信，就是：「我雖一無所有，也依然頂天立地！」要有骨氣和勇氣，聽命於良心，忠於自己。

比爾・蓋茲是世界首富，但他的財富對他的生活毫無影響。前幾年，他的微軟公司被美國聯邦法官判定為寡占，違反反托拉斯法；消息傳出，兩天內股票大跌，使他的財產立刻損失二百億美元。但是，這個衝擊對比爾蓋茲的生活毫無影響。有人問他一天中最快樂的事是什麼？他的回答是：「回家陪我的小女兒玩。」他的快樂人人都很容易得到，與金錢無關。

因此，填飽肚子之後，我們便面臨了人生觀的轉型和升級。我長期都在宣揚「六十分理論」：六十分是一條及格線，考及格是學生的基本義務，不及格就要補考、補修學分，甚至退學；但及格之後，從六十到一百分都是拿同樣的學分，並不會因為高分就拿到較多的學分。但是，大家都希望分數愈高愈好，就像希望錢愈多愈好一樣。

分數高是光榮，但光榮不能靠作弊和鬥爭得來；要靠完全喜歡讀書、自動自發地讀書、樂在讀書之中，考試自然地拿到高分，一切水到渠成、實至名歸。有一種人，不求拿第一名卻拿到第一名，他會是很謙虛的；若以追求第一名為目標，在達成目標後就會志得意滿，讓全班其他人都受傷。

我向來認為朋友升官不該前往道賀恭喜；升官的責任重大，何喜之有？應該勉勵才對。何時應該恭喜呢？反而是下台時；因為，終於可以卸下責任，得以輕鬆了。當那些競逐大位的人落選了，他們的妻子總要說：「我很高興能撿回一個丈夫。」就是這個道理。

為圖生存而工作時，喜歡的做、不喜歡的也得做，那是人生的責任；但當你能吃飽不餓時，還勉強去做不喜歡的工作，就是廣義的自我出賣。一旦去做不喜歡做的事，必得壓抑真感情，就難保不違法亂紀。早在民國五十七年以後，我們的教育改革就該教導我們如何轉型並提升人生觀，從「人生以謀生為中心」升級為「人生以自我實現為中心」。

何謂自我實現？不必高談闊論，就是做自己真正愛做的事；當然，前提是不犯法、不違背起碼的道德——誠實不說謊。法律是最低的道德；在不觸犯法律的情形下，法律保障我們的隱私，讓我們可以完全揮灑。

古人靠天吃飯，現代人靠老闆吃飯，靠老闆吃飯就要矮了半截。人在屋簷下，不得不低頭，為了餬口也就認了；要是衣食無虞，何必為五斗米而折腰呢？其實，退休以後，人反而可以有真正的春天，可以去從事工作三十年間無法完成的事，可以五湖四海任遨遊，真正想做什麼就做什麼，完全樂在其中。但是，即使可以自我實現了，很多人仍然難脫原來的生活慣性，還是事事物物往外求；在有限中強求無限，想填滿這個無底洞而繼續過勞。

因此，我們的教育不該只是謀生能力的養成，而應該注入新的活水源頭，教人如何真正成為一個人，即生命教育、人格教育、感情教育、愛的教育。我們不再去應付生存的外在壓力，而要探討生命的根本動力，培養內在無條件的自信——真心、良心和創造力。孟子曰：「盡其心者，知其性也；知其性，則知天矣。」要盡心、知性，才能充分發揮自我潛能。

潛能有兩個層面，一指個人的才具，另一是根源的開發者，就是我們無條件的自信心靈。電影「愛情決勝點」的男主角克里斯，因老婆是富商之女而在商場上得意；即使他另有心儀對象，仍不敢忠於自己的情感而選擇離婚，因為他不相信離開公司後仍能保有榮華富貴。人一旦攀附權勢，就會喪失自信；若是開始拒絕權勢，自信就會一點一滴地磨練出來。

根本的動力就是無條件的自信，如宋儒陸象山所說：「若某則不識一字，亦須還我堂堂地做個人！」翻成白話就是：「就算我一無所有，也依然頂天立地！」人能吃飽後，就要培養這種心境；要有骨氣和勇氣，不喜歡的就要拒絕，不要迫於威權或礙於面子，不要委曲自己的性情才能，要聽命於良心，否則一輩子都會過得不快樂。

有了這個根本自信後，才能珍惜自己的才具。網球手就能認真打球，不必把打球貶為追求名利的工具；打球也不必為追求贏，而是為了追求打球的快樂。若把爭第一當成終極目標和關懷，只會讓人感到壓力和痛苦；贏了並沒有多大樂趣，但輸了就是重大挫折。何必如此呢？

在這個人人能吃飽的時代，我們的人生觀必須升級，要開發根本動力，建立無條件的自信。能如此忠於自己，堅持無畏的自信和興趣，就一定能找到屬於自己的天才。

其實，人人都是天才，只是很多人不知道自己的「才」在哪裡罷了，因為太被外界所干擾；若能拒絕這些干擾，找回自己的根本自信，就會明白自己的才華所在而成為一流的人才。

從前，國文、英文和數學三科是主科；現在，國文已經退位了，數學淪為第二，英文才是第一主科；於是有英語天分的人成為天之驕子，生在今日真是運氣好。這真是不公平啊！真正的主科應該是順著每個孩子的興趣和專長去發展；英文好，英文當然是主科；數學好，數學就是主科；體育好，體育就該是孩子的主科。注重每個孩子的專長並由其適性發展，才是教改應致力的方向。我們要讓孩子忠於自己，他才能快樂地成材啊！

要建立根本的信心，首要就是反省我們累積已久的惡習，並加以完全撤除。我們彷彿是理所當然要去追求功名利祿，現在我們必須再次反問：我一定要那些嗎？要升官嗎？不升又怎樣呢？認真想想，其實不會怎樣，這不過是一種遊戲規則罷了，要做到「揖讓而升，下而飲，其爭也君子。」

最近兒童讀經很風行，但又開始有點走火入魔了；因為爸媽都逼著孩子要熟記，要爭當小博士，就把好玩的事變得痛苦了。為何要無所不爭呢？就因為根深柢固的刻板觀念。在這個關頭，我們必須自問：沒有了會怎樣嗎？其實不會怎樣的。待一步步把這些刻板束縛放掉之後，根本自信就出來了。所謂「人到無求品自高」，連人際關係都會改善良多。

所以，我們的新教育改革不應以「爭第一」為目標，而應以「樂在其中、發揮潛能」為目的。孟子說：「生於憂患，死於安樂。」「無敵國外患者，國恆亡。」遇到挫折、憂患、災難時，正是自我反省的契機；我們要由此去檢討人生觀，就能重新調整人生觀，建立根本的、無條件的自信。人生幾何？不把握時光去做自己真正喜歡做的事，更待何時呢？

湧現終極關懷

當你湧現出主動、自由、無私的愛，能真心關愛一個人時，當下你的世界就擴大了，能跨越自我的藩籬，體驗到天人合一、人我合一的無限感。

建立無條件的根本自信後，就會湧現生命中的終極關懷；終極關懷就是「愛」，博愛眾生。

有限的生理欲求滿足之後，我們應當嘗試去創造永恆性的經驗，而做法可分為消極和積極兩種。消極是指順性而為，自由地走自己的路，亦即自我實現。自由就是不受任何約束，就是無限，沒有限制而能忠於自己；能忠於自己，就能獲得真正的滿足。

積極的永恆感就是愛。愛非常容易實現，在當下只要有你所愛的對象，你就能實現。當你湧現出主動、自由、無私的愛，能真心關愛一個人時，你的世界當下就擴大了，你就能跨越自我的藩籬，體驗到天人合一、人我合一的無限感。

愛就是人生中真正的理想，一切意義、價值的真正答案；去體現人生的意義感和價值感，就是真心愛一個人。人一旦走到爭名逐利的路上，生命就會頓覺空洞和壓抑，就是因為那裡沒有愛，只有爾虞我詐。政治上沒有永遠的盟友，也沒有永遠的敵人，只有永遠的利益；所以，很多曾經響叮噹的人物，一旦下台後，發現一個朋友也沒有，門前冷落車馬稀，倍感無限孤單。

我們要把握有限的人生，眼前當下有可愛的人，就去愛他，對他講內心真誠的話；當我們真誠地表現善意時，對方一定會快樂及感動，所以仁者愛人。基督徒最快樂的時光就是到教會聚會；因為，大家在教會裡都是兄弟姊妹，可以放心地卸下面具，彼此真誠對待，這種感覺最美好了。

真實的人生不在政商的舞台或戰場上；真實的人生應該讓人感到滿足，因此是在我們的家庭生活、感情生活、愛情生活中。有人稱我為「愛情教主」，因為我一直主張，人的一生中，至少要和一個人真實坦誠地相愛；當你感受到真實坦誠的愛情時，就能明白功名利祿那種種外在事物都不重要了。一個人愛上另一個人，這是宇宙中最大的奧祕。但是，並非人人都能尋得真愛，因為有人選擇追求虛榮，因此喪失了愛的能力；除非他重新選擇不走那條與真誠、真愛互相矛盾的不歸路。

得是因為愛，才可以去從政、可以去當部長；那是因為部長這個職位需要我，不是我需要部長這個位置；當有更適合部長職位的人選時，就可以從容輕鬆地離開。因為愛，可以為民服務，而不是去騙取選票。台灣的怪現象是，老實、誠懇、務實、不說謊的人，可能永遠都選不上；這要怪選民，有怎樣的

選民就有怎樣的當選人。歸根究柢，還是因為公民教育不足、民主素養不夠所致。因此，我們要大力呼籲生命教育。

衣食無虞之後，我們要讓人生再晉級，追求真實的人生意義和價值感，這些都源自於愛。而真愛不必外求，不在高官、不在名利，就在我們的身邊、就在當下。想愛就去愛，不必捨近求遠，要能近取譬。尋得真愛，那些拜金和逐權都將不再重要了。

也許，你會說這樣太狹隘、太胸無大志了。沒錯，我是個胸無大志的人，我一生最大的願望就是好好當一個人，我認為這才是最大的志向，比當總統還大。總統只是一個角色，只是體制裡的一顆螺絲釘，再大都不過是一顆螺絲釘；只有在下班回到家後才是人，才是真正的人。

會過人的生活，才會有人的光榮感；而人的生活就是日常生活、家庭生活。西裝革履、正經八百地開會，那只是在盡人的責任和義務，不是完全自由自在、忠於自己的人。

因此，最終極的關懷，就是成為一個人。願人人都當個快樂的人，願世界和平、願世間充滿了真愛。孔子的志向是「老者安之，朋友信之，少者懷之。」不是孔子要讓老中少年都得到良好的照顧和教育，而是他希望人人都能得到合適的安養和教育，都能發揮潛能、自我實現；是人人自己做到，並非孔子幫大家得到。這是一個希望所有人都能自行其道的願望，是普及所有人的願望，和《禮記‧禮運大同篇》裡「老有所終，壯有所用，幼有所長」的意義一致。

終極關懷就在身邊，就在當下即時。有了根本動力，就自然具有終極關懷，兩者為一體兩面；若兩者無法兼具，那就是假的、騙人的。一個獨立的人格，才能自由地發出關懷，給予真正的愛；去攀附權勢，不忠於自己，就不會真正去愛，而是去吃他、去依賴他、去套牢他。

民國五十七年台灣經濟起飛後，很可惜地，我們並沒有進行人生觀升級教育的配套，而依然順著原來的謀生方式，結果助長了鬥爭性，學不到真正的生命人格教育，只學會了作弊與鬥爭；在這種環境下成長的父母，也會繼續逼著他的孩子作弊與鬥爭。於是，有家長忙著幫孩子找資料、找答案、去關說進較好的學校和班級、幫他考上第一名，其中都隱含著作弊和鬥爭的性質。

也許我們往者已矣，但孩子來者可追；我們應該好好思考，如何才是對孩子有益的教育，如何才是真正愛我們的孩子。真正愛孩子，就是讓孩子順利長大成為一個人，一個具備獨立人格、忠於自我、有根本動力和無條件的自信的人。

請幫助孩子，不要讓他們捲進嚴苛的升學競爭中，給孩子過真正快樂的童年。也許，孩子眼前看似比不上其他同學；但長久下來，他可能是少數的真品，唯一保存下來的、真正健康的人。

「愛情決勝點」的男主角克里斯犧牲了未出世的親生骨肉，因為他明白自己的罪惡，不願孩子來到人世再面對這場罪與罰，於是他說：「不出生是種恩賜。」請所有父母別說這句話。別怕，要對孩子有信心！只要你的人生觀正確，能給予孩子正確的身教，孩子就能得到真正健康的人生。讓我們從壓力與利誘的漩渦中超拔吧！

（本文為演講整理）

追求生命智慧與心靈發展——個人、家庭及學校的生命教育

人格愈統整、靈性愈清明，對於生命智慧就愈能有終極的了悟；而人生的終極智慧愈深刻，則愈能強化倫理思考與實踐能力；倫理思考與實踐的提升，復又增進人格統整與靈性發展。如此周而復始，便能在追求智慧的道路上正向循環、向上提升。

⊙孫效智（台灣大學哲學系教授）

談到「生命智慧」，一般人普遍認為是個廣泛且抽象的名詞；我將它的意義濃縮為三個向度來談，即「終極關懷與實踐」「倫理思考與反省」和「人格統整與靈性發展。」

生命智慧

巴斯卡曾說：「人是一株會思考的蘆葦。」蘆葦象徵人類的脆弱，而思考代表尊嚴、精神層次，表示人類具有邁向無限的可能性。

你可曾思考過什麼是人生的「終極」課題嗎？如果你得了癌症，在活不過明天的前提下，股票價格的漲跌對你而言，就不具終極的意義了。其次，「思考」能力是人生智慧的開端；若無思考能力，過著毫無反省的生活，從蘇格拉底的觀點來看，這就是不值得我們去過的生活方式。

為人的可貴，就在於人類能夠思考和反省。雖然我們有時也很脆弱。法國著名的人本主義思想家巴斯卡曾說：「人是一株會思考的蘆葦。」蘆葦象徵人類的脆弱，而思考代表尊嚴、精神層次，表示人類具有邁向無限的可能性。

很多時候，我們不見得是在知性上無法掌握我們的價值觀，而是在行動和實踐上無法落實，這就是「人格統整」的課題。《紅樓夢》裡有一首「好了歌」：

世人都曉神仙好，只有功名忘不了；
古今將相在何方，荒塚一堆草沒了。
世人都曉神仙好，只有金銀忘不了；
終朝只恨聚無多，及到多時眼閉了。
世人都曉神仙好，只有嬌妻忘不了；

君生日日說恩情，君死又隨人去了。
世人都曉神仙好，只有兒孫忘不了；
痴心父母古來多，孝順兒孫誰見了。

這首詩說明了，我們對很多事情可能看得透，卻不一定能夠看得開。例如，有些人經過若干生命的洗禮，可能對錢財看透了；但遇到境界現前時，卻未必能真正看得開。正所謂「板蕩識忠臣」、「疾風知勁草」。

人格能不能統整，就牽涉到「知」與「行」兩相貫徹的工夫。我們的知性和情緒有時候是分裂不一的；例如，專心聽演講時，你可能靜若處子；但一回到家，碰到孩子不理性時，就變成了罵街潑婦了。在家人面前，我們總是容易暴露出最真實、最內在，乃至知性和感性最不一致的情形。

瞭解生命智慧的內涵及其重要性之後，我們要進一步探討的是，我們的學校教育如何趕上來重視這些課題，讓我們的下一代能有全人的發展。所謂「全人」，是指身心靈的均衡成長；我們不希望孩子只有 know-why——只有知識，而希望培養他們 know-why——具有生命的智慧。

生命還有更多深刻的議題

我們要探索：什麼是顛撲不破、值得我們支持的價值觀？什麼是有待我們解構後重新開創的價值觀？

我們的社會環境和教育文化都忽略了生存的相關課題；這樣的忽略主要是指兩方面：認知方面和實踐層次。

認知方面是指忽略了人生議題的探索，而只注意到身外的、或是生不帶來死不帶去的知識。我們每天打開電視，看到各種民意論壇、叩應節目，談的不是政治、統獨、藍綠，就是理財或明星八卦，彷彿生命就只有這些課題可談似的。但真是這樣嗎？

其實，生命還有更多深刻的議題。

我最近碰到很多人對生命議題感興趣，願意到我們的「生命教育學會」來當志工，他們都是抱持著燦爛希望的年輕人。其中一位不到三十歲，他的弟弟才剛上研究所就發現罹患癌症，並且很快就過世了。他原本自認人生是精彩的，且都在掌握之中：念完碩士再念博士，然後結婚、生子；怎麼生命會在意想不到的時候戛然中止？

面對愛人和親人的死亡，特別容易激起深刻的省思。人生有許多意外；當我們未曾經歷生存的苦難和生活的黑暗面時，我們看到報上的車禍和死亡訊息，都不會有太深刻的感受——反正那是別人家的事，和我無關。然而，我們每一個人終究都要面對生命、生存的課題，而我們的教育文化和媒體卻似乎只要我們注意那些身外的、生不帶來、死不帶去的訊息。

其次，我們還忽略了要內化和深化重要的生命價值觀。我們似乎喜歡用洗腦的方式；班級名稱叫忠、孝、仁、愛、信、義、和、平，但很多學生做著不忠、不孝、不仁、不愛、不信、不義、不和、不平的事；我們很清楚地看到這樣的對立和差距。

我們一方面強調許多價值觀，相信它們是顛撲不破的；但是，為何這些價值觀不能夠透過強調道德教育而真正直指人心？我們要檢討的不是這些知識本身，這些知識本身沒有問題；但是，這個新時代的氛圍是，很多傳統的知識和價值觀正在面臨解構和重構。

當今的許多認知層次和價值觀，都已經不像過去那樣穩若泰山了。所以，我們已經不能再用灌輸的方式來談價值觀；我們必須要探本溯源，不只瞭解人生價值之「然」，還要能掌握「然」背後的「所以然」。

認知方面既然有這些問題，我們就必須在思考上再加把勁；尤其在這個價值觀多被解構的社會文化裡，需要各種智慧來幫助我們摸索到底該掌握些什麼？是不是所有的價值規範和原則都不要了？

前幾年，我們經常聽到「只要我喜歡，有什麼不可以」，但現在的年輕人已經在標榜「只要我敢，誰又能奈我何」，我們還能無動於衷嗎？在這樣的社會氛圍中，什麼是顛撲不破、值得我們支持的價值觀？什麼是有待我們解構後重新開創的價值觀？這是亟需大家努力探索的課題。

價值觀的落實

讓我們所肯定的價值觀能夠內化和深化，讓人能夠誠於中而形於外，達到「知行合一」的境界。

當肯定某個價值觀值得支持的時候，該怎樣讓它內在化？使之成為我們人格的一部分？《大學》說：「誠於中，形於外。」唯有如此，才能真正把我們的價值觀落實出來。

要落實我們的價值觀，在現今的社會裡實在不容易。大家應該還記得幾年前名演員倪敏然的自殺事件。當時，《聯合報》刊出一篇標題為〈出軌是倪敏然永恆的掙扎〉的文章，文中談到倪敏然的矛盾。但我認為，這不只是他個人的矛盾，而是現代男女都會面臨的困難；我們若開不出一條路來，人生就會困頓且陷溺於此。

是怎樣的困難和矛盾呢？第一，倪敏然肯定婚姻是一種無條件的盟約與終生不渝的以身相許；雖然時至今日，這個價值觀未必放諸四海皆準。據報導，有五分之一的美國人喜歡用的結婚新誓辭是：「當愛情還在的時候，我會對你保持忠貞。」這表示，婚姻關係已經從無條件的盟約演變為有條件的契約。現代人都非常會精打細算，會在婚前訂立契約，言明若將來不幸離婚時，各自的權利義務如何保障等。倪敏然在婚姻價值觀上還算是很傳統的，並沒有解構這個價值觀。

倪敏然的第二個問題在於：他感受到一對一式的男女交往，在生理和心理上都不符合人性；他覺得，不論男女都需要很多異性伴侶。倪敏然就活在這樣的矛盾中：他一方面認為應該忠誠，把原本可以向四面八方輻射的愛，像雷射光束一樣只集中在妻子身上，這樣的愛才可貴；但在現實人生中他卻做不來，即使年屆六十，遇到讓他動心的女人，還是情不自禁地臨老入花叢。

那篇文章的結論非常有趣，它提到倪敏然一生最愛的女人有七個——媽媽、三個妹妹、前妻、現任妻子和女兒；為了保護這七個女人，他說他連命都可以不要；但沒想到，他的結局竟是為了第八個女人而不要這七個女人。如果你或你的親友有外遇經驗，或許更能明白這當中不為外人道的艱辛了。

活在天理和人欲的掙扎中，我們如何在實踐的層次上，讓我們所肯定的價值觀能夠內化和深化而「誠於中，形於外」，達到「知行合一」的境界？這不是口號，而是每個人生命中非常關鍵的課題。

若是忽略了「認知」和「實踐」這兩個課題，社會上將瀰漫著人生觀模糊、意義感空洞、價值觀混亂的現象，並由之衍生出種種人格卑劣、輕忽人我生命的情形。我們不能停留在外在技術的方法層面，必須撥亂反正，回到內在的心法，追求真正的生命智慧。

君子自擇之

人能活出美麗與尊嚴，也能活得很自私而醜惡，關鍵就在於人做怎樣的選擇。

所謂「君子自擇之」正是此意！

孟子說，存養大體者為大人，存養小體者為小人；人有時可以墮落到令人齒冷的地步。以下是兩則墮胎男女的故事；人跟人之間的關係，有可能如此邪惡與醜陋。

有一個女生在懷孕之後去找男友，原本指望對方會娶她；但男友只是冷冷地說：「把他拿掉。」女友照辦墮了胎，不久後卻發現男友劈腿了；女友淚流到乾，心痛欲裂。

另一個女生和前男友分手多年後不期重逢，兩人在酒過三巡後發生了性關係；他們完全沒想到，一時的激情竟會「中獎」！

女友告知男友懷孕的事實後，沒想到男友只回了一句：「確定是我的嗎？」他認為，他們久未往來，就只有一次性行為，當然有理由懷疑她跟其他男人也能發生一夜情。

被這麼說的女友當然嘔死了；她清楚自己沒有和其他男子發生性行為，所以那是他的種。隔天，在沒有男友的陪伴下，女友獨自去墮胎。更不堪的是，後來男友還自命不凡地誇耀，凡是交過的每一個女友都拿過孩子，大約已經拿掉二十個了。聽到這種傷人至極的話，女友終於認清男友的自私而與他分手。人的自私，竟需要經過這麼慘痛的教訓才能被發覺。

人為何會活得這樣醜惡呢？自己的選擇當然要負很大的責任，家庭功能的式微也難辭其咎。很多父母加班到夜不歸營，以致孩子流連在搖頭俱樂部和許多轟趴場合。這些青少年過的是怎樣的生活？這種生活，真能帶給他們真實的快樂嗎？

在轟趴吃搖頭丸的年輕人個個血氣方剛；有時候氣氛太high了，藥一嗑，人就忽地倒下去，也不會有人察覺，因為大家都忘我了；更精準地說，是忘了周圍的他人存在而完全陷溺在自我當中。他們根本不知道人間存在著苦難，不知道人必須互相扶持和陪伴才有尊嚴。

當然，社會上雖有不少負面現象，但也不能否認有很多正面的典範——有一位大先生七歲的太太，在婚前即因尿毒症必須終生洗腎；當然，他們必須克服家人反對等重重困難才能完成婚姻，也很幸福快樂地攜手同行。另有一位罹患小腦萎縮症的太太，先生在照顧她的同時也不幸中風了。這對患難夫妻的語言溝通很辛苦，但因長期陪伴而培養出相當的默契；太太說：「我先生想什麼我都知道！」

很多人可以輕易在別人面前敞開身體，卻無法自然地敞開心靈和對方交流。人類是身心靈合一的存有者，當我們的身和心處在阻絕狀態，只讓肉體式的情欲流動時，根本無法建立真正合一的信任關係。

再者，你身邊有沒有這樣的一個人：你想什麼他都知道，他想什麼你也都知道？我們有沒有能力跟別人建立這樣的關係？又如何建立呢？我們到底願意過怎樣的生活？

人能活出美麗與尊嚴，也能活得很自私而醜惡，關鍵就在於人做怎樣的選擇。所謂「君子自擇之」正是此意！

建立和深化人生觀

方向比距離遠近更重要。距離雖遠，但方向清楚正確，你最終仍能達到目的地；反之，若方向不清楚，就可能在人生的道路上橫衝直撞，走很多冤枉路，而達不到目標。

這是一則流傳已久的小故事——

一位富商經過一個漁村的碼頭，看著一個漁夫悠閒地坐在躺椅上曬太陽。

富商：「你為什麼不去捕魚呢？」

漁夫：「我今天抓的已經夠了。」

富商：「那你為什麼不在海上待久一點，好多抓一些魚？」

漁夫：「這些魚已經夠我一家人生活所需啦！」

富商：「問題是，你如果多花一些時間抓魚，就可以賺更多的錢，到時候就有錢去買條大一點的船；然後，你就可以抓更多魚，再買更多漁船，就可以擁有一個漁船隊。到時候，你就不必把魚賣給魚販，而是直接賣給加工廠。接著，你可以開一家罐頭工廠，控制整個生產、加工處理和行銷。然後，你可以離開這個小漁村，搬到大城市去不斷擴充企業。」

漁夫：「這要花多少時間呢？」

富商：「十五到二十年。」

漁夫：「然後呢？」

富商：「然後你就可以在家當皇帝啦！時機一到，就可以宣布股票上市，把你的公司股份賣給投資大眾。到時候你就發啦！可以幾億幾億地賺！」

漁夫：「然後呢？」

富商：「到那個時候，你就可以舒舒服服地在躺椅上休息跟晒太陽了啊！」

漁夫疑惑地說：「我現在不就是這樣了嗎？」

這故事裡的富商在忙碌的生活中還能停下腳步來跟一位

他看不起眼的陌生漁夫講話，算是有智慧的；他還知道在生命中的某個片刻要停下腳步，不要只是一味地忙忙忙。「忙」這個字造得真好——心亡也。他與漁夫的對話顯示，很多人在人生過程中把時間都花在追求虛幻的目標，付出許多代價，到頭來一場空幻，既錯失了未來，也沒能把握當下。

所以，我們到底該追求什麼？這裡所謂的追求，不是指職場生涯規畫這類的目標，而是探討更深層的課題：我們的生命究竟要追求什麼樣的理想和願景？如何從人生的願景來建構我們的志業？如何將職業和志業相結合？

聖嚴法師說：「我們『想要』的很多，但事實上我們『需要』的很少。」在物質層次上，我們想要的東西永遠不會獲得滿足；因為，一旦得到了，你還會想要別的。人的這個貪念是永無止境的、是欲壑難填的。一個人如果想要在有限的時空與物質的名利裡滿足，那是緣木求魚、不可能的事。當然，人無止無盡的貪念還有一層更深的意義，那就是反映了人有無限的向度。人心是趨向無限的，沒有任何有限的事物可以滿足人；當人在追求有限的物質、名利、地位和聲望時，那個無限的心是不可能安頓下來的。因此，人在有限的事物堆中追求，不但永遠達不到目的，還可能跟人生真正應該追求的目的擦身而過。

什麼才是真正值得我們追求的事物呢？「民以食為天」，物質需求當然是不容否認的；只是，這些需要必須被放在人生中恰當的定位上，並不能成為終極的目的。例如，你的工作不能成為你的終極目標；這點只要稍微反省就能明白：當你離開這個世界時，不管你是公司的 CEO、總經理或其他重要人物，不出三個月，公司一定會找個替代你的人。可是，你的家庭和愛你的人，你所愛的妻子和丈夫、兒女，可就不是如此了；不要說三個月，可能三年、甚至一輩子，你都是他的父母或夫妻，是他最愛的家人。

由此，我們可以瞭解人生觀的建立和深化的重要性。如果人生觀是模糊的，就會像無頭蒼蠅般到處亂竄，沒有方向和目標。事實上，方向比距離遠近更重要；即使距離遠，但方向清楚正確，你最終仍能達到目的；反之，若方向不清楚，就可能在人生的道路上橫衝直撞，終究無成。

很可惜地，在只懂得 know-how 的社會裡，我們培養出「工具理性」非常發達的人；這種人很會思考經營的過程。坊間有很多書在談如何經營和管理時間；就像那位富商，他在經營事業和擴充版圖上很精明能幹；但是，對於人生中什麼才是值得追求的？是不是不斷地擁有和佔有才是人生的目的？這些議題他可能從來不曾省思過。

其實，我們整個社會文化都有這樣的傾向，對於有形可見的事物願意投入整個生命能量去追求，但對於作為這些有形事物動力的無形事物，反而不加以留心。

在社會基層的角落裡，很多人堅守著工作崗位；例如公車司機，他們能夠數十年如一日地開著同樣的路線。背後支持他的力量是什麼？很明顯地，他要養家活口，因為他愛他的家庭和家人。愛是什麼？看得見嗎？當然看不見；這種忠於職守的價值觀也是看不見的，卻是社會能夠永續發展的重要關鍵。

很不幸地，整個社會似乎一股腦地去建構有形的、物質方面的文明，就連家長都很怕自己的孩子輸在起跑點，所以讓孩子補數理、補英文。問題是，家長只擔心孩子輸在起跑點，卻不關心孩子要往哪裡跑？有什麼比這更荒謬呢！

我們應該花更多時間去探討人生觀。我們很重視語言教育，國文和英文課都很重；小學生在學校的三十幾個小時中，我們捨得花十幾個小時教國文和英語。但是，我們卻捨不得花半小時教孩子學習如何文雅、溫柔地發出愛的語言。這不也是不思考根本目標的一種本末倒置嗎？

整個社會只抓住看得見的知識，只重視know-how、工具理性的教育文化，導致我們對目的理性、生命價值和意義的思考能力日漸萎縮。我們成為工具的巨人，卻是智慧的侏儒。

擇善之前，需要思考

在擇善過程中所做的堅持才是符合人性的。是要活出人性光輝的擇善固執，而非冥頑不靈的頑固。

以下是一則關於「身教」的網路故事——

一位爸爸帶兒子出遊時，看著不懂事而頑皮的孩子，心中揣摩著要怎樣引導他明白人生中的重要事理？他想起了自己的父親有一回帶他去一個遊樂園玩，售票處上載明「大人十元，六歲以下六元。」他爸爸看過後，掏出二十元買票，並指著兒子對售票員說：「他七歲了。」當時他剛滿七歲。售票員說：「其實，你不說也不會有人知道；我們會當他是六歲以下，這樣你們就可以省下四塊錢了。」爸爸笑著說：「也許你們不會知道，但是我兒子會知道。」這一幕深深地印在他的腦海裡，指引著他以相同的態度來教導他自己的兒子。

這則短短的故事裡有很多地方發人深省：故事中的父親在陽光燦爛的日子裡陪孩子出遊；他遇到孩子的教育問題時，想的不是打罵，而是如何透過自己的身教來引導孩子，如同他父親對待他的方式來對待自己的孩子。一個人如何會成為這樣的一個人或父親呢？原因很複雜，自己的人生體驗很重要，在人生過程中不斷追求真善美聖的各種努力也很重要；此外，他很幸運地有一個在愛中陪伴他成長的父親，這為他的人格陶冶與人生觀的形塑可能是更為根本的。

當一個人在生活中有充分的愛與被愛的經驗時，不僅能在知性上有清楚的人生方向和藍圖，而且也比較能內化這些價值觀。我相信，這位爸爸一定會隨時隨地用身教和生命來教育孩子。

我們也可以用這個故事來反觀自己：我們是否在許多地方佔別人小便宜？當超市的收銀員多找了錢，我們是否一隻手牽著自己的孩子，另一隻手則把不該拿的錢往口袋裡塞？懵懂階段的孩子可能不懂，但他將來會懂的。若你讓占小便宜成為你的習慣、成為你的人格和價值觀的一部分，就會一直不自覺地重覆這樣的行為，而你的孩子也將浸潤在這種價值觀中成長。

能夠依「吃虧就是占便宜」的人生觀而生活的人，自然就能表現出這樣的身教，讓孩子在潛移默化中內化這樣的價值觀；也唯有對人生哪些是重要或不重要的、是生不帶來死不帶去的、是真正值得堅持的價值，有著相當程度的省思，才能在生活中實踐正確的人生觀。

這個故事告訴我們，我們要在大大小小、甚至不足為外人道的生命片刻中，堅持有所為和有所不為。這樣的堅持跟自我省思息息相關：我們必須常常反問自己是否具有正向的價值觀？又是否實踐我們的省思？從這個課題，我們不難看出倫理思考和擇善固執的重要。

「擇善」和「固執」都很重要；若不擇善而固執，那就是頑固、食古不化，而且還可能堅持著傳統的吃人禮教。有些傳統價值確實需要被解構，但也不是所有的傳統價值觀都是糟粕。如何分辨傳統的智慧和吃人的禮教，便需要擇善的能力；在擇善過程中所做的堅持，才是符合人性的。換句話說，我們要活出人性光輝的擇善固執，而非冥頑不靈的頑固。

擇善之前，我們需要思考；在分辨和選擇之前，要先「慎思」才能「明辨」。所以，「思考是智慧的開端」。要教孩子思考，就像是教孩子釣魚，而非直接給魚吃。倫理思考也是如此；不要汲汲於灌輸孩子價值觀，而是應該要教孩子如何思考，讓孩子透過深刻的人生觀去思考有所為與有所不為。

統整知、情、意、行

除了建立深刻的人生觀，以及在每個當下都能慎思明辨和擇善固執之外，我們還應該從知、情、意，貫徹到行，讓四者統整。知行要合一，情意是中間的橋樑。

在我們的生活中，情緒的影響也非常重要；只是，我們雖知如此，卻往往管不住自己的情緒。

一位疲倦不堪的媽媽從賣場購物回家。當她拖著一堆雜貨走進廚房時，八歲的大兒子已經在等著向她告狀：「弟弟拿了蠟筆在牆壁上寫字，就寫在妳才剛裱好新壁紙的小房間裡。我已經告訴他：『你這樣隨便亂畫，害媽媽重新再貼一次壁紙的話，媽媽一定會抓狂的！』」

媽媽皺起眉頭問：「你弟弟現在躲在哪裡？」然後氣呼呼地找出惹下大麻煩、正躲在衣櫥裡的小兒子。

她對著小兒子大聲咆哮，說自己如何費盡心思存錢才買下這麼昂貴的壁紙。她愈喋喋不休地責罵，就愈加火冒三丈，離開孩子房間時早已完全抓狂了。

當媽媽走進小房間查看災情如何時，她頓時淚如雨下，牆壁上的字像利刃般刺痛她的心——上面寫著「我愛媽咪」，還畫了一顆心圍繞在字的四周。

我 媽咪

此後，這片壁紙依舊保持原樣，就像媽媽當初看到的那樣，只是加上一個空的畫框圈住它；這不只是要提醒媽媽，也要提醒所有的家人，在下判斷之前要先釐清事實；不要還沒搞清楚狀況，就火冒三丈、亂發脾氣。

很多時候，我們的情緒就是這麼不理智。這位媽媽平時可能也像帶孩子出遊的那位爸爸一樣，也在愛中成長，也形成了很好的價值觀和人格；可是，人終究不是完美的，孔子也是到七十歲才「從心所欲不踰矩」。在人生過程中，我們可能會遇到很多知性和感性分離的狀況；感性的部分包含了情緒和情欲，情欲和知性之間的分離，從倪敏然的例子即可得知；而情緒和知性之間的分離，就可從這個故事瞭解。

面對家人和親近的人時，我們特別容易情緒失控，造成情緒和知性的分離。我們的情緒就像醫生拿鎯頭敲我們的膝蓋一樣，直接就反射出去，中間並未經過大腦的思考和抉擇。這種情緒智商的問題——如何整合情緒的感性和知性，並非無解。

當我第一次聽到這個故事時，我便反省自己在日常生活中對待孩子的態度、反省我過去和家人互動的經驗，這個故事的啟發也因此深深烙印在我的腦海中。之後我再面對類似情境時，雖然還是有可能會亂發脾氣，卻會很快就發現到自己在亂發脾氣，而暗自在內心慚悔。我認為這種自我觀照和慚悔非常重要，能讓我們的知性和感性愈趨接近，不讓情緒成為我們的主人；在情緒爆發之前能夠按下暫停鈕，情緒和知性之間也不致於斷裂。

除了建立深刻的人生觀，以及在每個當下都能慎思明辨和擇善固執之外，我們還應該從知、情、意貫徹到行，讓四者統整。慎思明辨後卻不去抉擇，抉擇後也不去固執和貫徹，這一切仍是枉然。知、情、意的統整，我稱之為「誠於中」；唯有「誠於中」才能「形於外」，使知、情、意和行達到合一的境界。

省思生命的課題

電影的好壞不在它的長短，在於它的內容，在於它帶給我們深刻豐富的生命境界；生命亦是如此。

究竟我們嚮往什麼樣的生活境界？我們不可能永遠保持在生命的高峰或健壯期。從哲學的角度來看，生命的健壯是偶然的，不是必然的；我們的生是偶然，死是必然。健康也是偶然的；縱然你再怎麼運動、力行生機飲食，你現在偶然擁有了健康，但終有一天你會失去它。

生命的價值不在於恓恓惶惶地、這也不敢吃那也不敢吃，將所有注意力都放在自己的健康上；就像電影的好壞不在它的長短，而在於它的內容，在於它帶給我們深刻豐富的生命境界。

張小嫻寫了一篇短文〈將來的那個人〉，文中有一段是這樣描述的：

很久以前讀過一篇訪問，被訪者是一位專業成功的男士。他說，年輕時他有過一個女朋友；有一次，那個女孩患了肺病住進醫院裡；他去過一次之後，就沒再去了，因為受不了病人身上的味道。女孩當然也明白，出院後沒有再見他……

女孩當然不會再想見他，也不必見他；因為，一個受不了妳生病味道的男人、只注重外在色相的男人，不會是妳將來的那個人。那麼，誰是你將來的那個人？你又會是誰將來的那個人呢？想想看，若你臥病在床、病容憔悴，你會希望誰在你身邊？希望誰來探望你？

有些人你不希望他來，不希望他看到這時候的你；也有些人，是你此時候想見到的，因為他們是聊天解悶的好夥伴。不過，朋友畢竟只是朋友；能聊天解悶的人，卻不一定是我們在處理某些很私密的事情時，所能完全信賴的人。例如上廁所：當你臥病在床、無法自理，而需要幫助才能上廁所時，你不會希望一個普通朋友幫你；你所希望那個幫你的人，必須讓你覺得很自在而不尷尬。而這樣的人，要不就是你的家人，要不就是你將來的那個人。

一個女子再美，若是一場大火燒了她的臉，或是乳癌令她的胸部潰爛，她的外貌色相很快就完全改觀了。所以，人若不能超越色相、看到色相的虛空之後仍去愛人，人和人之間便永遠只有物和物的關係，我們會把別人物化，同時物化自己。

要如何在日常生活中時時省思生命的課題？我認為，必須要能對廣告和媒體保持一定的敏感度。媒體和廣告經常用催眠的方式來傳達概念，如果我們不加思考，就很可能接受這種物化的價值觀；我們若能保持一定的觀照甚至批判的距離，才有可能在每一個誘惑的當下，知道什麼應有所為或有所不為。

舉例而言，我們常用「安全期」表示某段時間的性行為不會帶來新生命；然而，帶來新生命是這麼危險的事嗎？我們竟把帶來新生命當成是可怕的、危險的事情？還有一個令人印象深刻的廣告：一家公司標榜二十四小時為客戶服務。當身為員工的爸爸接到電話說有家長會，他沒空去參加，因為要服務客戶；又接到電話說父親生病了，他還是很忙，要服務客戶、不能過去；再接到電話說老婆生日，他還是沒空陪她，要服務客戶。因為他對大家說：We are family.

這樣的廣告散播著似是而非的觀念，這裡面有太多價值觀隨著文化和媒體塑造而改變了。因此，在看廣告時，必須保持著省思的態度，才能找到自己要追求的價值。

人生無常，唯愛永恆

人生很短暫而有限，我們偶然有了存在，卻必然要失去存在，如何超越無常的人生？唯一的途徑就是愛在當下。

生命教育的第一大主軸為「生命終極意義的探索與實踐」，探索人生觀、生死觀、與宗教信仰等議題，也涉及臨終關懷等課題。

兩位喇嘛在紐約的一間畫廊裡，以「修建」一個「沙子壇場」的方式來展現亞洲藝術，他們專注且細膩地用細沙來創作，圍繞在佛菩薩周圍的芸芸眾生，每一種生命都躍然沙上；近距離觀察，還可以清楚地看到沙粒鋪墊的厚重質感。以沙粒精巧配色所呈現出來的立體感，還有其它精緻得難以置信的細節，在在令人嘆為觀止。

活動進行一個多月，有愈來愈多人前來觀看他們創作，最後終於到了完成的日子。瑰麗的畫作，以一種強迫的姿態占據每一個人的視界、心靈乃至靈魂。當一切已趨近完美，人可以做的事情也趨近於無；沒想到，喇嘛們一把抹去了一個多月來的心血結晶！時間彷佛已經停止，遠處圍觀和近處沉思的人群，對於一個世界的消失，進行不同的憑弔和評價。僧人手中緩緩流逝的細沙，已不再有那驚豔的容貌；那些漫天飛舞的佛、那些欣欣向榮的生命、那些宏偉的廟宇、那些千姿百態的繁華，一切都不再復返；塵歸塵、土歸土，「繁華不過是一掬細沙」。

透過這場展示，喇嘛除了表現佛教中的世界觀以及藝術創作之外，也同時展現出萬物「成住壞空」的意象和意念。

站在台北一〇一大樓前，你可能充滿驚歎和驕傲，因為那裡是全台灣最精華的地段，能夠躋身其間也算與有榮焉，任誰都不會把它與敗壞及毀滅的意象相連結；但是，如果你曾經身處紐約雙子星大樓，而後目睹它灰飛煙滅，你對無常會有很真實的感受。我剛好就有這樣的經驗；在它爆炸的前一個月，我人在紐約，回台一個月後便發生「九一一事件」。九二一大地震也是如此，我們從不能預期無常的發生。

生命中有很多的脆弱和無常；但在一般人的觀念中，總把「無常」的事物視為「常」、把有限的生命視為「常」，而忘記生是偶然，死是必然；佛教稱此為「顛倒見」。事實上，生命的無常才是常，生命的成住壞空才是常；體會到這個道理，對生命的追求將有不同的期待。

當初，我從一個電腦工程師轉為一個哲學研究所的學生，這個大轉折有部分是因為我母親的過世，這讓我反省了很多事。人生只有一次，絕對不能隨波逐流、人云亦云，盲目追求流行，而不能做一些真正有著雋永價值的事情。況且，人貴適志，做自己覺得有意思、有價值的事，才能真正將興趣與工作結合，將志業與職業連結，從而活得精彩、活出熱情並充滿活力。

此外，我在做電腦工程師時，每天花十四個小時，只為了寫一個有關電話溝通連結的軟體。這個案子進行了八個月；從某種角度而言，將幾萬個複雜的指令組合成功，是令人相當有成就感的事。但完成之後，我開始思考：這對社會有什麼貢獻？

沒錯，它會為這社會帶來許多便利；但是，我們真的需要這種便利嗎？火車的速度從十九世紀每小時二、三十公里，到現在每小時能達到三百公里，交通科技的進步真是一日千里；然而，心靈之間的距離有隨之更拉近了嗎？還是更疏離了？台灣資訊工業起飛的背後，是付出了很多代價的。當我們的全副心思都投注於外在事物，像一個工程師每天要耗掉十四小時在工作上，請問他還有多少小時去扮演好兒子或女兒、爸爸或媽媽、丈夫或妻子等角色？

我要問的是：為什麼一個人會這樣陷溺在一場空的繁華當中，完全欠缺能讓自己從中跳脫出來的觀照；彷彿它就是生命的主宰，完全意識不到生命的無常和成住壞空。

談到人生意義、生死課題，我們就會發現，意義的安頓和生死的超越，可能無法只靠我們的理性來獲得，還需要宗教的協助。宗教不僅提供了人生觀、世界觀等終極實相的開悟和啟示，也同時提供靈性的超升以及邁向神聖的途徑。

然而，我們的教育文化卻長期忽略宗教教育；但事實上，很多學校有「宗教行為」。例如，「鬼月」一到，有些校長會率領學校高階主管一起祭拜「好兄弟」，以求學校運作全年都能順利；要是沒有拜拜，學校衰事不斷，校長和主管們的心裡就直犯嘀咕。還有，立法院旁就是台大醫院的太平間，有人就在中間挖個水池，上面再立個鏡子，要把某種「不祥之氣」折射回去。可見，我們的社會的確有宗教的需求，卻沒有把宗教視為一個課題，進行反省和探求，造成許多人只是在表面上進行宗教行為，但卻沒有因而獲得靈性的提升。

生命教育的第二個課題是有關倫理的思考和反省。終極課題是關心「生」、「死」的課題，但在生、死兩點之間，人要活著，而且活得把別人和自己都當「人」看待。在生命的實踐中，能知道什麼有所為、有所不為，這就是倫理思考能力的培養；它也是目前社會道德教育中非常缺乏的一個環節，我們應該予以重視。

我們的道德教育還停留在教忠、教孝之類的「說教」，而非「說理」的教育。但是，在目前這個價值觀解構且必須重構的社會文化中，我們需要培養更多慎思明辨的下一代。

道德實踐的動機，必須來自一個人對人生終極意義的肯定。若有人認為生命毫無意義，就很難跟這種人談道德，他也很可能找不到為何要堅持道德的深刻理由。

道德實踐的能力，其實和人格及靈性修養息息相關。問題通常不在於我們不知道，而在於我們知而不能行；知而不能行，乃在於人格上的不統整，以及知、行、意的分裂。在得知什麼樣的實踐值得我們堅持之前，就必須先有擇善、慎思明辨的過程以及實踐的探索。這就是道德哲學思考和反省的工夫。

只有當我們具有探索生死變化的能力時，才談得上「擇善」；有清楚深刻的動機，同時具足實踐的能力，才談得上「固執」。一個人即使有動機，知道忠孝仁愛是對的，也未必有堅持下去的理由。即使人生觀是正確的，也有價值觀和道德的實踐能力，但就像基督教裡的保羅所說：「我應做的，我不去做；我不應做的，偏偏去做了。」這就是因為內在不統整而導致知與行分裂的現象。唯有人格統整、動機深刻、同時又具有思辨能力，才能真正達到知行合一的貫徹，以及擇善之後的固執。

人格統整，首要就是身心靈的統整，以及由知而來的知、情、意、行的整合；孔子的「從心所欲不踰矩」，就是知行高度合一的境界。人是一種靈性的存在，雖受限於有限的身體，但是對真善美聖的渴望無限。「心之為用大矣哉」，一切就從心的改變開始。

其次，身也很重要。人是身心合一的存有者，不能光存好心而不做好事；善若不實踐出來，就等於沒有完成。當你坐在公車上，看到一位老者上車，你本想起身讓坐，卻被慵懶打消善念，而閉起雙眼當作沒看見；那麼，善就得不到貫徹了。

心的改變，必須落實到身體；就像對一個人表達敬意，我們會起立致意，懶坐在椅子上是很難表達出敬意的。你的身體動作表達出你的意念，尤其是眼神；「眼睛是靈魂之窗」就是這個道理。總之，可從身體動作入手；接著，便是情緒智商的提升，「吾日三省吾身」就是靈修的生活。

全人修養的重要心法

現今許多新的道德議題，都要抱持著立場不必中立、態度卻要開放的觀念來面對。

關於全人修養的重要心法，第一為「以終為始」。一個人若能確立人生目標，再以目標為始點來檢視我們的起步，而踏出與目標相符的步伐，這樣的人生才會有清楚的方向。

例如，各位在聽演講時，必須關閉手機；這是因為，現場所討論與激盪出的，可能是各位人生中極重要的課題；要是手機一響，就可能被其他不重要的事所分心。這個不關機、接手機的動作，就與我們「專心聽演講」的目標不符。

第二為「自覺」，跟自己的貪嗔痴、愛恨情仇保持一定觀照的距離。在這方面，有人對儒家和道家做了簡單的比較：儒家，積極進入世界；道家，超越而觀賞這個世界。每個人在各自的人生中，都是既要入戲做演員，同時又要站在戲台下當觀眾。

如果只做觀眾而不做演員，就會像莊子一般，老婆死了，卻「鼓盆而歌」；他只看到老婆大化而去、回歸天地，而沒有表現出至親生死別離的情感。遇到友人喪妻的情況，我們通常會勸他們「節哀順變」；但莊子還沒哀，就「順變」了。反之，若是只做演員完全入戲，而不做觀眾，則無法意識到「人生如戲」，不能跳脫出來觀察自己的人生，就可能會過度陷溺於劇情的高低起伏而難以自拔。

因此，若我們綜合道家和儒家的精神，維持相當

程度的平衡，在入戲中還保持著觀賞的態度，才能建構反省的距離。情緒智商也是如此；能夠和情緒保持距離，就不會成為情緒的奴隸，才能自由地成為情緒的主人。

情欲也不例外。如倪敏然的臨老入花叢，在我看來，這是對情欲尚未斷念所致。我認為情欲是可以斷念的，也不相信世上有所謂「海枯石爛」的感情。不論情濃時許下多少承諾，你只要下定決心兩年不和某個人聯繫，把他的電話號碼和e-mail通通丟掉，兩年後你就會遺忘這個人，回歸自由了。「他是我的唯一」這種說法，只是自欺欺人罷了！

全人修養的重要心法還有「覺他」，意即對他人要有同理心。「覺他」的態度十分重要，特別是為人父母和為人師表者，不能只看到孩子表面上的可惡，還要能看到可惡背後的可憐；能看出可憐，才能產生同理心；能同理才能陪伴，能真正地陪伴才能真正地給予幫助。若只看到可惡，一味地濫用責罵和處罰等方式對待孩子，雙方就是處在訓導的對立關係，無法真正進入孩子的內在世界去探討問題，並進一步幫助他。

再來是「感恩與捨得」：對抗貪欲的最佳法寶就是大方地給，給到會心痛為止；對於他人的恩惠，也要時時抱持感恩。

另外，「寬恕和懺悔」、「愛與慈悲」、「慎思明辨」等，也是幾個重要的心法。對現今許多新的道德議題，都要抱持著立場不必中立、態度卻要開放的觀念來面對；即使是你相當不以為然的主張，也要同理地去思考別人為何有此立場，去發現背後的理據，再去判斷這個理據是否站得住腳。

例如，有些學校堅持不開放髮禁，堅持要在學生的頭髮上進行管教。校方其實有責任去反省：為何非要做這樣的堅持？理由夠不夠充分？能否說服學生？

在現今這個公開而多元、可以理性地進行討論的社會裡，要從事教育，必須有開放的態度，才能與學生乃至我們自己有真正良好的交流，再進一步獲得共識。

生命智慧的正向循環

當人格愈統整，對生命智慧就愈能了悟；人生的終極智慧愈深刻，就愈能強化倫理思考及實踐能力；倫理思考與實踐的提升，又復能增進人格統整及靈性發展。

生命智慧的三大主軸息息相關，且相互循環支持。正如佛教的「悲智雙運」——慈悲和智慧交互應用，一個人愈慈悲，就愈能同理和接納，也愈能超越表相，進而看到內在的問題。

一個老師若具有這樣的情操，當他看到行為脫序的學生，不會只對學生責備懲罰，而會想透過訪視進一步瞭解，便可能發現學生的家庭問題。同理和接納後，就會更深刻認識各種狀況，從中累積形成智慧；愈有智慧，就愈能明白人生中愛與慈悲的重要；而愈能慈悲和愛，就愈有智慧。所以說「悲智雙運」。

「終極關懷」、「倫理省思」和「人格的統整與靈性的發展」這三大課題，也有這樣的正向循環關係。真正的智慧，是以知行合一為目標，而知、行之間則相互為用；在實踐的層次上能夠「誠於中而形於外」，就能帶來真知；而深刻的真知，就能促使我們更進一步身體力行。

從第一個向度「終極課題」來看，這是一個人要達到知行合一所不能或缺的真智，這涉及到人生觀、生死觀和宗教等終極智慧的涵養。這種終極智慧賦予個人的人生意義和目的，提供人生實踐的終極基礎；若欠缺此基礎，道德實踐的意義將難以確立。

意義一旦確立後，人必須進一步透過慎思明辨來建構實踐的倫理價值體系，來解構並重構適合於我們這時代的價值原則。這就涉及到第二個向度「倫理思考」及批判能力的養成。

接下來我們會發現，終極智慧和倫理價值並不能停留在知或思辨的層次，而必須融貫到人的知情意行及身心靈各方面，這就構成了生命智慧的第三個向度「人格統整及靈性發展」課題。

這三者之間便有著這樣的循環關係：當人格愈能統整，靈性愈清明，對生命智慧就愈能有終極的了悟；人生的終極智慧愈深刻，就愈能強化倫理思考及實踐能力；倫理思考與實踐的提升，又復能增進人格統整及靈性發展。如此周而復始，便使得個體在追求智慧和全人發展的道路上能正向循環、向上超升。

這三大課題正是現今社會所欠缺的。我們的教育不談生死、不談人生哲學和道德哲學，只希望灌輸道德教條，而不用「說理」的方式和孩子論辯道德哲學；我們的教育也沒有真正去關切知行分裂的問題，當然就無法正視如何統整的課題。事實上，我們的教育正在為知行合一做反見證。試看，哪個學校不提倡德智體群美？可是，在升學掛帥的教育文化裡，哪個學校不是獨重智育而忽略其他教育？看在學生眼裡，他們很清楚大人們說一套、做一套。

而大人們所重視的智育，是真正「智慧的教育」嗎？或者只是知識的教育呢？明顯地也是後者。所以，大人所重視的智育，從終極智慧和生命智慧的角度來看，這樣的智育欠缺了光明；就像「智」這個字拿掉了「日」，不過是沒有智慧光明的知識而已。這種知識會引導人到哪裡去呢？實在是不堪設想啊！

整體而言，現今的教育並沒有貫徹全人的教育。我們的教育過度重視工具理性而忽略目的理性，重視理工而輕忽人文，重視know-how而輕視know-why，重視知識而忽略智慧。所以，黃崑巖教授說：「我們要培養智識分子。」也就是要培養有智慧、有見識的新時代人，而不是光有很多know-how 的人。

黃教授還說：「在你成為一位專業人或一位醫生之前，你必須是一個人。」在台灣的取士方式裡，我們的醫師都是各個高中裡know-how最頂尖的學生，但不見得是在全人智慧上最頂尖的人物。導致的結果是，我們的醫生都是學校裡的第一名；但是，當他成為醫生時，眼睛都已經長到頭頂上了，完全看不到病人；他只看得見自己的事業、名聲和收入，所以無法建立人性化的醫療環境。黃崑巖教授在醫學界、教育界、人文界均是令人崇敬的前輩，他是真正有感於此才會提出這樣深切的呼籲，很值得大家省思。

有一期的《天下》雜誌提到，二十一世紀企業的領導人才，應該要具備倫理決策及貫徹的能力。這是相當重要的體會。倫理決策就涉及到倫理思考、分辨和選擇，倫理貫徹就是要落實倫理決策。企業要能夠建立良好的倫理文化，又跟企業的存在哲學及終極目標有關。

若老闆只是把企業當成事業而非志業，那他和員工以及上下游廠商之間就不是一種雙贏的關係，而只是彼此利用，消費完了就跑；這樣的老闆如果把公司搞倒了，大不了換個名字，就會重起爐灶。台灣很多企業都只有三年壽命，何以故？短視近利，沒有永續經營的理念，如此自然也就無法形成一個企業的倫理文化，也顛倒了企業存在的目的——企業的目的是為了人，而不是人為了企業。

近年來，很多大企業愈來愈發現到，企業的永續發展和員工的人格之間，有著雙贏或雙輸的關係。因此，他們做了各方面的嘗試與努力，像是建立托兒所、實施員工在職訓練等，讓員工在企業中實現自我、發展生命，讓他們在身心靈各方面都能獲得安頓。此外，員工的婚姻與家庭也都與企業的發展息息相關；外遇劈腿或婚姻亮紅燈的員工，在職場上分心散漫、出錯的頻率將遠高於其他員工。因此，有眼光的企業開始關懷員工經營婚姻與家庭的能力。

專業的素養要以全人的教養為前提，全人的教養則包括全人智慧的提升以及身心靈的統整，這就是我們在學校推動生命教育所希望達成的目標。企業的情形也是如此，很多商學院愈來愈意識到培養倫理文化的重要性；若培養的學生將來都是「無奸不成商」，就很難去談企業的倫理文化。若所有的大專院校都能重視學生的生命教養，並且持續在通識教育中貫徹生命教育，我國的全人教育才能獲得落實！

（本文為演講整理）

面對生死的姿態

面對生死的最佳姿態，就是讓現實和非現實都能並存並且感受之，能自由出入其間；進入現實，你當然在乎自己；進入非現實，你就不在乎了。事實上，我們一直在現實與非現實的轉圜之間；活著，就是在這兩邊轉動；亦即，生和死早就和我們發生關係了。

⊙余德慧（慈濟大學宗教與文化研究所教授）

每每談及生死，長輩們總要怨我「哪壺不開提哪壺」，顯見大家都不太願意去談論生死；這是可以理解的。死亡這件事落到言談上，總是怪異；誰也不願見到一天到晚把死亡掛在嘴邊的人，多不健康啊！但在這裡，我們還是要問：為何禪師在修行時要參破生死？參破生死又是何意呢？

貪生 怕死

臨終者往生時，並沒有想像中那麼憂懼，他們不是被死亡嚇死的；真正被嚇到的反而是周遭的活人。

長年在安寧病房工作，只消一閉上雙眼，我腦中就會浮現許多陪伴多時的亡者身影。由於工作環境使然，我常覺得不舒服，若是病了，便有醫師和練氣功的朋友極力勸我不要再進出安寧病房，就怕我的氣被吸光。這當然是朋友關心我的好意，但我本身倒不太在意；反正去或不去，最終都是死路一條，有何差別？所以我還是繼續在安寧病房服務。

因生病而觸及生死大事，我意識到：該是面對問題的時候了。坊間有很多書籍告訴我們，要勇敢地面對生死；但是，「面對」本身就是一個問題，而「勇敢」又是什麼意思呢？

無庸置疑，絕大多數人一想到行將就死，都會害怕不已。美國生死學專家、同時也是知名的精神科醫師庫柏勒．羅絲（Elisabeth Kubler-Ross），年輕時就研究發現，每個人都會貪生怕死，但後來也都會接受死亡。接受本身並不困難，問題在於：接受是怎麼發生的？真有「接受」這件事嗎？

正因為死亡令人害怕，所以人們致力於尋求不害怕死亡的方法。然而，二十世紀最偉大的哲學家海德格（Martin Heidegger）說，我們若不害怕死亡，根本就過不了死亡這一關；換言之，要經過死亡這道關卡，就一定會害怕。海德格認為，死亡是一個巨大的空洞，所以一定會引起人們的憂懼害怕。其實，害怕是好現象；若是不害怕，就不會轉動；只有害怕才能促進轉動。

住進安寧病房的人，大致心裡已有數，餘生將在病房中度過；有些家屬會在一旁竊竊私語：「現在直直地進來，一定會滿面愁容地橫著出去。」但依我們在醫院長期陪伴所見，橫著出去的人並沒有想像中那麼憂懼，他們不是被死亡嚇死的；真正被嚇到的反而是周遭的活人。這之中的奧妙在於，臨終者走上臨終之路時，已經在轉了；還沒走上臨終之路的人，則還沒有轉。臨終的人轉了，就很自然地過去了，不會有擔憂；周遭的活人因為還沒有轉，所以擔憂不已。

活人和臨終者最大的不同是：活人還想繼續活下去，而臨終者已經走在臨終的路上，是親自以行動在轉。因此，若是活著的人對臨終者說，你的時候快到了，你就要走了，臨終者會憤怒；若是勸告臨終者「你要放下」，臨終者會感到被汙辱。因為，臨終者是以實際行動、用全副生命在轉動，而活著的人只是嘴巴上說說罷了，臨終者當然無法接受。

轉動 空無

臨終者的腦細胞已經少到無法理解「我」的過程，這就意謂著他們不害怕死亡。死亡的空無感是人類的想像，它從未真實存在過。

那麼，什麼是「轉動」？臨終者為何會轉動？

根據我們的研究發現，每位臨終者最後都有一個機會背對社會、不理會社會，彷彿轉著轉著，就背對了社會。這種現象，我們名之為「背立轉向」。

當一個人病沉到某種程度，便會自然地放棄社會性勾連，也會開始不在乎世間的聲名、地位與角色。經常看到一些知交滿天下的病人，在進入病沉之後，就會在病房門口掛起「拒絕訪客」的牌子，一堆訪客的花籃與卡片凌亂地擺在門外；它們的主人早已進入內在轉動的境界，真正陪伴他的只有夢幻與破碎的回憶而已。

這種轉動，他人無從察覺，是疾病讓臨終者自然地去接受；也許臨

終者只是昏睡或是虛弱地躺在床上呻吟，但是轉動的旅程已經開始。只要細心地陪伴，便能發覺臨終者的心思轉動得很快；今天才說：「我要堅持下去、奮鬥下去！」明天可能就說：「都到這個地步了，要放下走了。」他們的情緒轉變就在瞬間。

這主要是兩個機制使然。首先，是腦細胞的大量死亡，才講過的話可能沒多久就忘了；其次，在腦細胞死亡的過程中，患者已不太能理解社會意義，他自己也被掏空了。因此，其實不必太掛念臨終者生前念念不忘的心願，一切都是此一時、彼一時也，沒有一句話是長時間有效的。他們可能上一刻感到痛苦，下一刻又覺得舒服多了；這種轉動一直持續進行著，難以預料，也無法預料。

明白臨終者會有這種轉動，對周遭的活人而言，不啻是個福音；既然會忘，就會忘記生死，因為腦細胞已經少到不知生死為何物了。就像動物瀕臨死亡，也不太容易反省自身即將面臨死亡。人類在大腦最健全的時刻會考慮生死，但在進入死亡的過程時，就進入了無法理解「我」的過程；既不知我的存在，就意謂著不害怕死亡。這也許是老天所設計的自動的熄燈號。有了這項安全機制，對死亡何懼之有？

然而，對活著的人而言，這個熄燈號畢竟是可怕的。重點是，我們並不瞭解臨終者的意識狀態，沒有必要假裝自己很懂，而要去教導臨終者如何面對生死。相反地，是我們這些活著的人，該如何面對生死？既然我們沒有這個轉動過程，並且要繼續活在「我」的世界中，就必須知道這個核心問題：我們面對生死的姿態是什麼？

海德格說，死亡是一種巨大的失去、巨大的空無，大到我們的心智無法面對；因此，想到死亡便會不由自主地害怕。我要反駁這項說法。事實上，只有僅少數的人是如此，大部分的人都不會把死亡當成空無。因為，尚未經歷死亡，就無法體會何為空無；而當死神降臨，你已無法感覺，何知空無？

換言之，死亡的空無，根本是人類的想像；當你看到別人垂死，便設身處地想像自己也可能不再存在、不能再這樣和那樣。但是，畢竟一切都是想像；即使真的發生了，你也了無知覺，這種害怕的感覺自然無從發生，那個想像中的空無根本不會來到。更確切地說，那種空無根本不會被你感受到；你現在所感受到的，是想像中用來恐嚇自己的空無，它從未真實存在過，你根本從未有如此經驗。

只要確定面對死亡的憂懼是自己想像出來的；那麼，轉個身，聽首快樂的歌、讀點宗教的勵志文章，可能就快活起來了。想想天國之美、想想極樂世界，甚至是乘願再來，可能就不怕死了；就能在很短的時間內，從憂懼中恢復過來。

既然這個空無不存在，海德格的理論自然要被推翻。他說，因為死亡的空無亘大得可怕，所以讓人願意轉變，變成為一個真摯、願意聽從良心召喚的人，不再過著欺騙的生活。根據這個論點，人們寫出了許多文章。《讀者文摘》就曾刊載一篇，內容描述：美國一名牙醫被醫生判定只剩十年可活；於是，牙醫立即把診所關了，去實現多年的願望——當一名木匠。這類文章透過網路傳播出去，啟發了很多人；於是，有老師辭掉工作去環島旅行，汲汲營生的人不再為生活打拚而去實現夢想等等。當然，這類文章勉勵人要自我實現、忠於自己，也彷彿像童話般有著美好的結局。

但是，海德格這個理論在近年來的各種研究討論上，都不斷被挑戰和懷疑。結果是，上述這些因為害怕死期將近而變得真摯過活的人，其實並沒有處理掉他們對死亡的問題，死亡不會因為真摯生活而改變或停止。也許有人會說，心願已成，死而無憾；但是，問題其實並非這麼簡單。

牙醫改行去當木匠，即使這是他最喜歡的工作和身分，過不了幾年，仍有厭倦的時候；接著，「我要做什麼？」的困惑便會襲捲而來。顯然地，這只是童話式的結局，不能再有續集；否則，王子和公主可能走上離婚一途。換言之，以這種「遮蔽法」要簡單地蓋過死亡這個複雜的問題，並不恰當。

錯認　失算

我們不斷地「錯認」而做了錯誤的行為，這些行為讓我們往相反的路上走，然後因失算而痛苦；卻也因此，讓我們從沉迷中醒悟，瞭解到真正的事實。

那麼，有其他解決死亡疑慮的方法嗎？

我們都還活著，就表示我們還擁有自我意識。雖然許多宗教譴責「我」的意識阻擋人生的解脫之道；但不可否認地，這個「我」的確存在。

人有可能縮小自我、或者消解自我，然後瀟灑地走嗎？這個嘗試是失敗的；因為，絕大多數人只縮小了一段時間後，沒幾天自我又恢復了。就像每天揹著二十斤米到山上送給窮困的居民，每回都感動地落下淚來；但連續幾次過後，就不會再流淚了。

我們總是企圖尋找一個解決死亡疑慮的根本辦法，但這個辦法始終不存在；當我們企圖處理它，就會造成荒謬的結果。換言之，解決疾病和死亡的這個「針對性」一旦發生，結果一定是荒謬的。這是很重大的轉折。

舉例而言，有人虔信某種解脫生死的宗教，每天虔誠地讀經、聽開示，反省教義並不斷修為，一心一意企圖解脫生死。這樣求道心切的努力是很了不起；只可惜，把努力正好放到錯誤的位置上了。這就好比一隻被放進透明乾淨玻璃瓶裡的蒼蠅，牠望見瓶外的極樂世界或天國近在眼前，便一心飛往目的地；卻不斷撞壁，怎麼也到不了。

在安寧病房，我們最害怕看到極聰明的人；聰明的人知道自己生命將盡，會不斷追問如何才能解脫生死，獲得身心大安樂。一般沒讀什麼書的阿公、阿嬤並不會問這個問題，他們糊里糊塗地就走了；但聰明的病人會保持著高度精明的意識，他們自我要求不昏不昧，希望能達到一念往生的境界。但是，這樣的信念在安寧病房就顯得難以理解和諷刺；原因在於，他們愈是集中心念想往生所欲之處，便會感到距離愈遠、愈無法到達，與經書所說的「含笑九泉」差別愈大。

這是因為，他們用全副意識緊緊抓取一種名為「修行」的東西，是「抓」來的；但是，真正的死亡過程是「放」。愈是集中強烈意識面對死亡，就愈是無法到達目標境界，完全適得其反；這種行為叫做「錯認」。

我們對我們的人生，不斷地進行「錯認」而做了錯誤的行為；這些行為造成了虛假的想像，讓我們誤以為得以解脫或朝解脫之路邁進；事實上，是剛好往相反的道路上走。

明白被錯認所誤之後，我們就真能及時踩煞車、懸崖勒馬嗎？還是做不到啊！如何能不錯認呢？當一塊石頭還未進行雕琢之前，誰都說它是一塊石頭；但當它被雕成藝術品或某人的石像後，你會說這是什麼作品或直接說出人像的名字，雖然本質上它還是塊石頭。

直接說出作品名稱或石像所代表的人名，這個行為就是錯認，我們要回頭認識它的本質。然而，這也只是理論上的說法，事實上本質是無法認識的。所謂本質，就是隱藏看不見的；從未有任何物質是以本質面貌為人所見。石頭不過是簡單的物質例子，尚有更為抽象的精神層次，如何捕捉本質呢？這是不可能的。

因此，不要被我們的錯認所誤導。曾有一篇刊在《中國時報》的讀者投書，作者提到她公公生病了，緊急送醫後，公公就此病逝在醫院。作者不解地問：「現在的醫學不是很發達嗎？」她理所當然地認為生病要就醫，但壓根兒沒想到人會這麼死去。這就是被錯認所誤導的真實案例。作者失算了，但這個失算具有重大的意義；因為，失算讓我們痛苦，痛苦才讓我們從沉迷中醒悟，才可能瞭解真正的事實。

換言之，錯誤本身也是一個墊腳石，人就是靠錯誤這塊墊腳石轉身。失婚的女性一定很能理解：當初滿心歡喜地嫁給對方，全心全意甚至不顧一切地付出所有；等到婚姻失敗、結束一切後自己變得一無所有時，才醒悟到女人也應保有財產和獨立的能力，才能站穩雙腳。這個慘痛的經驗，未必讓女人害怕婚姻，但她不會再重蹈覆轍，會保有自己的獨立能力；若有第二次婚姻，通常會更健康而真實。

這就是真真實實的學習，不是口頭上的理論，也不是價值、主義這些高渺的目標，一切按部就班。面對死亡，我們可以按部就班、務實地一步一步來，不必再高談超生了死的闊論。

反社會 修行

修行，就根本而言，其實是反社會，對社會普遍價值觀如名利權勢、聰明才智等進行抵抗。順應社會容易，抵抗社會艱難；修行的著力點就在抵抗社會。

依上所述，很顯然地，刻意的修行因為針對性太高會犯下錯誤；一個人練氣功，就算練得再勤、再好，同樣都得面對死亡，只是遲早罷了。這樣的用功，與其說是修行，無寧稱之為運動。什麼才是真正的修行呢？找到一位上師、在一個靜僻之處修習大圓滿法呢？或者在日常生活中就得以修行？

一般傳統中的修行，已有刻板的意識形態，即建立在既有的宗教價值觀上。如台灣的佛教徒，每日念佛、誦經，早晚課，行禮如儀；南傳佛教看到台灣這種修行現象都不覺莞爾；「佛經是用來念的嗎？」他們感到疑惑，不能理解為何要誦經拜懺、還要固定念多少遍等等。

南傳佛教徒把自己的身體當道場，用乞食托缽的方式來對治世間財富的貪執，並觀察身體脈輪的運行來修行；他們笑我們的道場是，哪家素菜有名就哪家香火鼎盛。在我看來，這不過是五十步笑百步。但我寧願不去批評各種所謂的「修行」方式；因為，錯誤有錯誤的好處，正確有正確的壞處。

為何要念誦《阿彌陀經》？《阿彌陀經》的內容是釋迦牟尼佛介紹阿彌陀佛之西方極樂世界的種種殊勝，以及往生西方極樂世界的條件等。不就是佛教的文獻報導嗎？每天念誦它，與念新聞稿何異？但錯有錯的對處。念誦佛經，就完成了念誦這件事。就只是念，與理解其中深義無關；正因為念誦本身不具意義，所以我們能不思考；大腦不運動，就不會起心動念、集中意識去抓取任何意念；而不抓不取、讓意識行雲流水，讓身心得以自在，這就是好事。

西藏白教祖師、家喻戶曉的大成就者密勒日巴尊者，他在人跡罕至的大雪山獨自苦修成道。一日，他的妹妹到山上探望哥哥，見哥哥全身衣衫襤褸，就做了一個套子，想讓哥哥至少將下半身的私處覆蓋住；哥哥對妹妹說，依這個道理，那應該再做十個套子，將十根手指也套住才對。這段對話所揭示的意義是，修行的最大敵人其實是社會觀感。

修行，就根本而言，其實是反社會，對社會普遍價值觀如名利權勢、聰明才智等進行抵抗。如唐朝天台山高僧寒山和拾得，他們起初在寺院裡從事低下的伙夫工作；直到有人發現他們深藏不露時，他們立刻離開寺院遠去，就是不願沾染社會的價值觀。這不是矯情，而是修行。順應社會容易，抵抗社會難；修行的著力點就在抵抗社會。我們的生活中，有些部分是順應社會、有些部分是抵抗社會；依此判斷，就能明白日常生活中的哪些部分是在修行。

無常　有常

有常一旦被建立，其建立當下便開始消毀，即磨滅有常而呈現無常；人生，就在有常和無常間來來去去。兩邊始終在往來變動。

後來，海德格重新反省問題時也提到，人要真正地不在家，才能獲得治療的機會。中國人向來主張安身立命，讓一切在規律中、掌握中進行，即生活在「有常」之中，最後的目標是歸屬於社會圓滿；然而，「有常」的最後，仍要面對死亡這個「無常」。若是不在家，便會隨時在動盪不安的「無常」挑戰中受苦，受苦才能保持不斷的覺醒，才有治療的機會，才是修行。因此，修行就是面對無常，跟是否誦經或觀察脈輪、能量的運行毫無干係。

真正的修行，就是透過不安、偶然、痛苦、不能肯定和預料的事情來打擊和警惕自己；但這是一般社會價值觀所力求避免的。沒有人願意在送孩子上學後，卻接到孩子送醫不治的電話。「悲莫悲兮生別離」，沒人願意如此，卻不是我們所能控制和決定；這才是人生的實相。有些天災人禍就是莫名其妙地發生了，不發生只能說是僥倖、是幸運；但幸運與否，其實並無界限。古人云：「塞翁失馬，焉知非福。」福禍相倚，才是事實。

十多年前台北市的一場火災，至今仍令我印象深刻。有對夫妻開車行經新生南路，他們拉下車窗，愉快地吹著風、聊著天；不料，路旁的麵包店突然爆炸，一片烤麵包用的大鐵盤就這麼天外飛來，大小竟剛好通過車窗飛進車內，咻地橫切過先生的脖子！你可以說這類意外太罕見了；沒錯，發生機率確實微乎其微，但它就是發生了，這確是人間實相。換言之，「偶然」在人生中佔著重要的地位。

為何我們希望有常？厭惡無常？是誰使生命變得有常且快樂？其實就是人類這個腦袋。從這個觀點看來，人類還真不愧是萬物之靈；因為，我們的智力讓我們能夠凝聚許多事物，並使它顯得可長久永續、顯得有常。例如，感情和婚姻關係容易生變，於是人們用財產、子女、倫理道德、婚姻規則等，把夫妻兩人緊緊綁在一起，以穩定婚姻關係。又如一個組織或國家，會建立各項制度使其永續經營。很可惜地，我們並不能找到任何國家或企業能夠永續千秋萬

世；即便中國有五千年悠久歷史，其間仍經歷多少改朝換代、明爭暗鬥、淌流多少革命鮮血。

沒有千秋萬世的存在！但我們似乎不願放棄這個執著，因為人類喜歡透過意志，企圖維持穩定狀態，繼承者則會改變前人所努力的穩定狀態，以求自我彰顯；換言之，後繼者用自己的有常推翻前人的有常。我們每個人都苦苦地維持著短暫的有常狀態；但事實上，個人能維持的部分和時間都非常有限。就大方向來說，一切從未停止變動。因此，我們的生命狀態是大無常包著小有常，兩者並存。其實並不矛盾，兩者之間的變化正是要點所在。

有常一旦被建立，其建立的當下便開始消毀，即磨滅有常而呈現無常；是有某種恆定性，但恆定性會遭破壞，且永遠無法明確地算出其維持時間。另一方面，我們也不會甘於處在無常動盪中，任它刮風下雨而不躲避。人生，就在有常和無常間來來去去，而非站在無常或有常的一邊，因為這兩邊始終在變動。

若能看清自己的真實處境，就能知道你的右手是你活著的生命，左手是你的死亡；兩手並存，你就在中間，是一個轉圜，並不歸屬任何一邊。亦即，在你的生命中，就含有巨大的死亡因素。支持你存在的因素中，很多是屬於不存在的；不存在透過各種方式，支持著你的存在。因此，我們所見到的事物，包括自己的生命，都不是實相，都有部分被遮蔽，因為我們看不到非存在、非現實的東西。

生命的積極性就是要活著；在右邊待久了，自然會消極，就轉到了左邊。我們就在這兩邊轉圜。白天努力生活，是有為、是積極；夜晚休息睡眠，就是無為、是消極；然而在睡夢中，可能因為某個夢境的啟發，讓你又想有所作為，於是又積極有為了。人生本來就是在兩端轉圜，千萬別企圖一分為二，這是不可能的。

存在　非存在

用全部的生命去體驗風、體驗雲、體驗無常；包容偶然、有恆、幸福、不幸福等狀態，讓有常和無常來來去去而置身其中，並不是只站在某一邊而已。

雖然明白了死亡是我們生活的一部分；但死亡是非存在的，沒有人經歷過並能告訴我們它是什麼。那麼，我們如何和非存在共處？

非存在不是一般所指稱的靈魂或鬼神。當我們談論神或鬼時，只是語言上的想像，我們從未見過他們，只不過有些人依稀有某些感應。這類可感受到卻見不到的，我們就稱之為「非存在」，如磁場就是典型的非存在。你到某些地方特別感到身心舒暢，但你看不見讓你身心舒暢的來源，甚至用儀器也探測不出來，但就是感應得到，這就是非存在。修行的第二個要素，就是和非存在共處。

原本我們只相信科學，相信眼見為憑；但現在願意和非存在共處，相信個人的存在是由於某些非存在的力量所支持著。儘管如此，我們不明所以，不能用大腦理解，只能直覺地感應，這就是宗教上常說的佛恩或神恩。基督教有一首聖歌叫「奇異恩典」（Amazing Grace），其中有一段歌詞是：「我曾迷失，如今尋回；我曾盲目，今得看見。」（I once was lost, but now I' am found; Was blind, but now I see.）他不說他到底看見了什麼，因為重點不在所看到的對象，而是「看見」這個動作。當你張大眼睛全神貫注地去看，反而看不到，因為那太刻意了。心理學界在進行精神分析時，曾以「伊底帕斯情結」（Oedipus Complex）來說明。

在希臘神話中，伊底帕斯的父親是一國之君。在他呱呱墜地時，國王前去請問太陽神阿波羅關於孩子的未來；不料，得到的回答是：這孩子將來會弒父娶母。國王當然不能讓此事發生，便下令要大臣先挑斷王子的腳筋，然後交給牧羊人將之棄於荒野，讓野獸奪去王子的命。沒想到，好心的牧羊人見嬰兒可憐，就用藥草治癒了王子的腳傷後，再偷偷送給鄰國的國王當義子。從此，伊底帕斯順利長大，並成為一位翩翩美少年。

有一天，伊底帕斯也跑到阿波羅神殿詢問自己的前途。阿波羅告訴他，他將來會殺了父親並且娶母親為妻。聽到這樣的神諭，伊底帕斯惶恐極了；他認為，父親待他極好，母親也慈愛有加，怎能做出如此大逆不道之事！於是，他決定離開祖國到鄰國去。途中，伊底帕斯遇上一個老人家驅車迎面而來，粗魯地趕他讓路；他氣不過，上前揮了一記猛拳，竟打死了老者。他卻不知，這位老者就是伊底帕斯的生父。

當時忒拜城正遭逢詛咒，伊底帕斯順利解開詛咒之謎，當上國王，並依循慣例迎娶在位的王后為妻；這位王后就是他的親生母親。沒有人知道這件荒誕情事的真相。

只不過，有了新國王之後，國運並未就此昌隆，反而天降大火，不斷焚燒這個國家。對這莫名其妙的天災，伊底帕斯真是又氣憤又挫敗，便再去請示阿波羅神消除天災之道；神諭說，是因為有人做了罪惡的事，才導致天災不斷。

伊底帕斯發誓要揪出這個罪犯，將人民從水深火熱中解救出來。他一路追查下去，最後竟查出自己就是這個天災的罪魁禍首。他當場便以利劍刺進自己的雙眼。

這個故事被精神分析界重新討論，並且涉及生死問題。這個悲劇的開端肇始於神諭。神諭是什麼？神諭意謂著「知道」，並且會應驗；所以，伊底帕斯的父王決定殺死親生兒子，以防止神諭應驗。這個看似依邏輯進行的合理行為，卻開啟了後來的不幸遭遇。一切都源自於「知道」；知道後就採取行動避禍，就有了後來的悲慘結局。

伊底帕斯的情形也是一樣；他若不去問阿波羅神，就會留在義父母身邊，也就不會有後來弒父娶母的結局。偏偏他「知道」，所以選擇離開國家，防止神諭應驗。他們父子的合情合理行為，卻正好造成悲劇的發生，即便弒父娶母的錯誤是在全然不知情的狀況下發生。這就是錯認。

很多人相信紫微斗數、生辰八字、風水五行等命運之說而喜歡算命，在困惑之時希望藉算命指點迷津，企圖對生命有相當程度的掌握；或許應該反過來說，就是在這樣的企圖心之下，才有命運之說產生。我以為，也許我們某種程度上能掌握命運，但其實並不需要掌控它，就讓命運以模糊的姿態呈現吧！愈是想把命運分析得清楚透澈，我們的人生愈是無救，只會製造出更多絆腳石，這也大凶、那也不宜。

至於求神拜佛到底有沒有效？我認為很難說。我們的態度應該是在求神拜佛的當下放下身段，謙虛以對。能放下身段，就有益於修行；若是下意識地強求神佛的庇佑或加持，這是不存在且無效的。

基督徒真正的祈禱，是真心誠意將自己的生命交給上帝，而不是指揮上帝依你的願望而行；能真正如此祈禱的人，「必然得著」。我們沒有權利去掌控生命；我們卻總是膽大妄為地去認識，而且充滿了認識的障礙，以致認賊作父。

雖然如此，也不必如一般佛教所主張的去掃除妄見，這是不可能的；我們只能不斷以妄見去認識，然後不斷經歷失算、失望、絕望，如此一路經驗到底才有翻身之時。這也是修行，等於是越過了意志和意圖；當你意圖的對象無法被掌握，你才能翻轉，才有新的境界產生。

伊底帕斯所以會刺瞎自己的雙眼，是因為他明眼所見到的都是錯誤，這就是精神分析上所說的「blind seeing」。亦即，當你看到石雕像，你會說這是某種雕像；只有當你瞎了眼睛，用手去觸摸時，你才會說出它的本質——石頭。這表現了兩種存在方式，一是用大腦、認知去得知，另一是用生命直接去感受而得知；修行就是指後者。修行是用你的全部生命去體驗風、體驗雲、體驗無常，包容偶然、有恆、幸福、不幸福等狀態，讓左右手間的有常和無常來來去去而置身其中，並不是只站在某一邊而已。

修行蘊藏著非存在和非現實，是透過感應而非認知；換言之，若你遵照著經書所言去行，那是依著認知，就像伊底帕斯依著神諭去進行一樣，這不是修行。修行是日常生活中任何一種順境或逆境發生、讓你歡喜或讓你憂愁，能讓你感應到存在與非存在同時具在的狀態。這有點類似於藝術，我們能感應到藝術品本身呈現之外的領悟。

當你看見孤兒寡母陷於困苦中，會產生惻隱之心，這也是一種修行；你會發現，你就在「存在」和「非存在」這兩個異質空間中，而且它們來來去去。非現實的異質空間，其實類似老莊思想的被動和無為。例如，你突然發現自己罹患了癌症，而且可以預見自己的死期；在這種狀況下，你反而能意識到另一種存在；而這種存在，會緊緊地附在我們的身體裡，比從前更清楚地顯露出來。

比方說，一個人罹患癌症後，首次反省到從前忙於工作而疏於陪伴母親。他回想起母親對他的種種慈愛和付出，並聯想到：他一旦離去，母親將何去何從？事實上，這些事都尚未發生，只是患者的想像而已；但是，就在這個當下，修行已經開始了，患者可能因此忘記自己的事業、忘記自己的病痛。

因此，修行不是一心一意地求生死解脫；修行在日常生活中已非常細微地發生，是一種生命行事的轉變。而生命行事的轉變，是一種「反面」，是社會的反面；有時也是一種放棄，放棄過去追求的價值。

自然 解脫

面對死亡是一種修行，應該保持它的不確定性，對它的日期和想像表示糊塗，而不要對其做任何針對性的預測、想像和分析，這樣才是自然。

面對生死的姿態就是要修行。我們必須瞭解到，生和死是同時存在的，生是充實，死是充實的支持點。我們的所有，都是從死亡中充實或虛構出來的；因此，我們的所有可能是虛的，但「虛」有其存在價值。靠著虛的失算和失望，我們才能了悟其背後有些真正的存在；雖然看不見，但感應得到。

面對生死的最佳姿態，就是讓現實和非現實並存，感受它並自由出入其間——進入現實，你當然在乎自己；進入非現實，你就不在乎了。事實上，我們一直在現實與非現實的轉圜之間。活著，就是在這兩邊轉動；亦即，生和死，早就和我們發生關係了。

至於前世今生、輪迴等問題，我做了相當長時間的研究，初步得到的結論是：會想透過前世來瞭解今生，無非想知道我們到底是誰；當我們只談這個看得見的我時，總覺得單薄，就想把那個非存在的、看不見的我加進來設想，於是就加進了一些過多、甚至是捏造的東西，來豐富和滿足我們的想像心理。

雖然我催生了《前世今生》這本書，也為之寫序，但我從不說我贊同它。我認為，這是一種文化生產；既是生產，能生產藝術，為何不能生產三世因果呢？但是，若真要問明是真是假，那就問呆了！

也有人信誓旦旦地說，某人能夠精準地預測死亡，一定要有高深的修行才具備此能力。我卻認為，人生最不該做的事，就是預測死亡。死亡是一種無常，是不能預測的；若能預測死亡就是修行，那我只能說，大部分的醫生都能預測死亡，他們是否便有高深的修為？

醫生預測死亡，目的是要提醒家屬預作準備；但是，我寧可勸人不要做這種預測。因為，面對死亡是一種修行，應該要保持它的不確定性。若是貪戀世間的美好，非常不想死，就會覺得死亡比預期來得早，因而產生痛苦；反之，若是不想活了，死亡反而比想像中來得遲，就會因此不耐煩。我們應該對死亡的日期糊塗，對死亡的想像表現糊塗；應該糊里糊塗地去死，而不要對它做任何針對性的預測、想像和分析，這樣才是自然。如老子所言：「人法地，地法天，天法道，道法自然。」

這些年很流行談「生死學」，這是一門探索「生」與「死」的學問。其實，上不上「生死學」課程，對於面對生死並沒有那麼重要。只要你有機會陪伴臨終者，互動中所發生的事，自然會教導你生死的學問；尤其，若有機會陪伴年輕的臨終者——如癌末病人，你將意外地發現，這樣年輕的生命在面對死亡的無常時，竟是那般地堅定。

不要相信教育，生死學應該是反教育的；因為，教育是一種約束，但生死學是一種解脫，應該讓一切自然地發生，而非在課堂上講述。

（本文為演講整理）

國家圖書館出版品預行編目資料

真巧！我們都是人／林宏熾等主講.-- 初版. --
臺北市：慈濟傳播人文志業基金會，
2009.07 / 320面；公分. --（心視界；5）
ISBN 978-986-6644-37-5（平裝）
1.生命哲學　2.文集
191.9107　　　98011502

真巧！我們都是人

創辦者	釋證嚴
發行者	王端正
策　畫	財團法人泰山文化基金會
主　講	林宏熾、游乾桂、柴松林、賴其萬 鄭石岩、曾昭旭、孫效智、余德慧
封面繪者	李後佶
插畫作者	張真輔
出版者	慈濟傳播人文志業基金會 11259台北市北投區立德路2號
客服專線	02-28989898
傳真專線	02-28989993
郵政劃撥	19924552　經典雜誌
文字整編	林美琪
責任編輯	賴志銘、高琦懿
美術設計	尚璟設計整合行銷有限公司
印製者	禹利電子分色有限公司
經銷商	聯合發行股份有限公司 新北市新店區寶橋路235巷6弄6號2樓
電　話	02-29178022
傳　真	02-29156275
出版日	2009年7月初版1刷 2012年10月初版5刷
建議售價	200元